アイケ・ピース❖著
山内志朗❖訳
Yamauchi Shiro

Eike Pies

Der Mordfall Descartes

Dokumente-Indizien-Beweise

デカルト暗殺

大修館書店

Eike Pies

Der Mordfall Descartes

Dokumente — Indizien — Beweise

Japanese translation published by arrangement through
ORION LITERARY AGENCY, Tokyo

TAISHUKAN PUBLISHING CO. LTD.,
Tokyo, Japan. 2000

ル・ペロンの騎士，ルネ・デカルトとその紋章。フランス・ハルスの肖像画に基づくG・エーデリンクの銅版画。ラテン語の銘「よく隠れたる者，よく生きたり」が下にある。

スウェーデン女王クリスティーナ，ダヴィッド・ベックの絵画に基づく，J・ファルクの銅版画。

ストックホルム城でクリスティーナに講義するデカルト。向かって右のテーブルの周りには2人の中心人物が二重に描かれている。これは，服装が異なっていることから示されるように，2日にわたることを示している。背景には，廷臣，学者，聖職者が立っている。

炎上する以前のストックホルム城

ルネ・デカルト，1649年のフランス・ハルスによる油絵

死の直前のルネ・デカルト，ダヴィッド・ベックによる絵

かつてのストックホルム在フランス大使館。ここで，偉大な哲学者ルネ・デカルトが1650年２月11日午前４時頃死亡した。

ストックホルムにあるデカルトの墓碑銘

1650 - 66年間のデカルトの最初の墓所。ストックホルムのアドルフ・フレデリック教会の孤児霊園

パリのサン＝ジェルマン＝デ＝プレ教会のサン・ブノワ付属礼拝堂。
1819年以来5番目の（最後の墓所）となった。

スウェーデンの医者で化学者であった，ヨンス・ヤコブ・ベルツェーリウス教授の記念碑（ストックホルム）。彼は1821年デカルトの頭蓋骨を購入し，1666年になされた聖物窃盗の償いとして，遅ればせながら，その頭蓋骨を返却した。

1984年にテレビドキュメンタリー『デカルト殺人事件』のために行われた撮影作業。パリのサン＝ジェルマン＝デ＝プレ教会におけるデカルトの記念碑。

XV

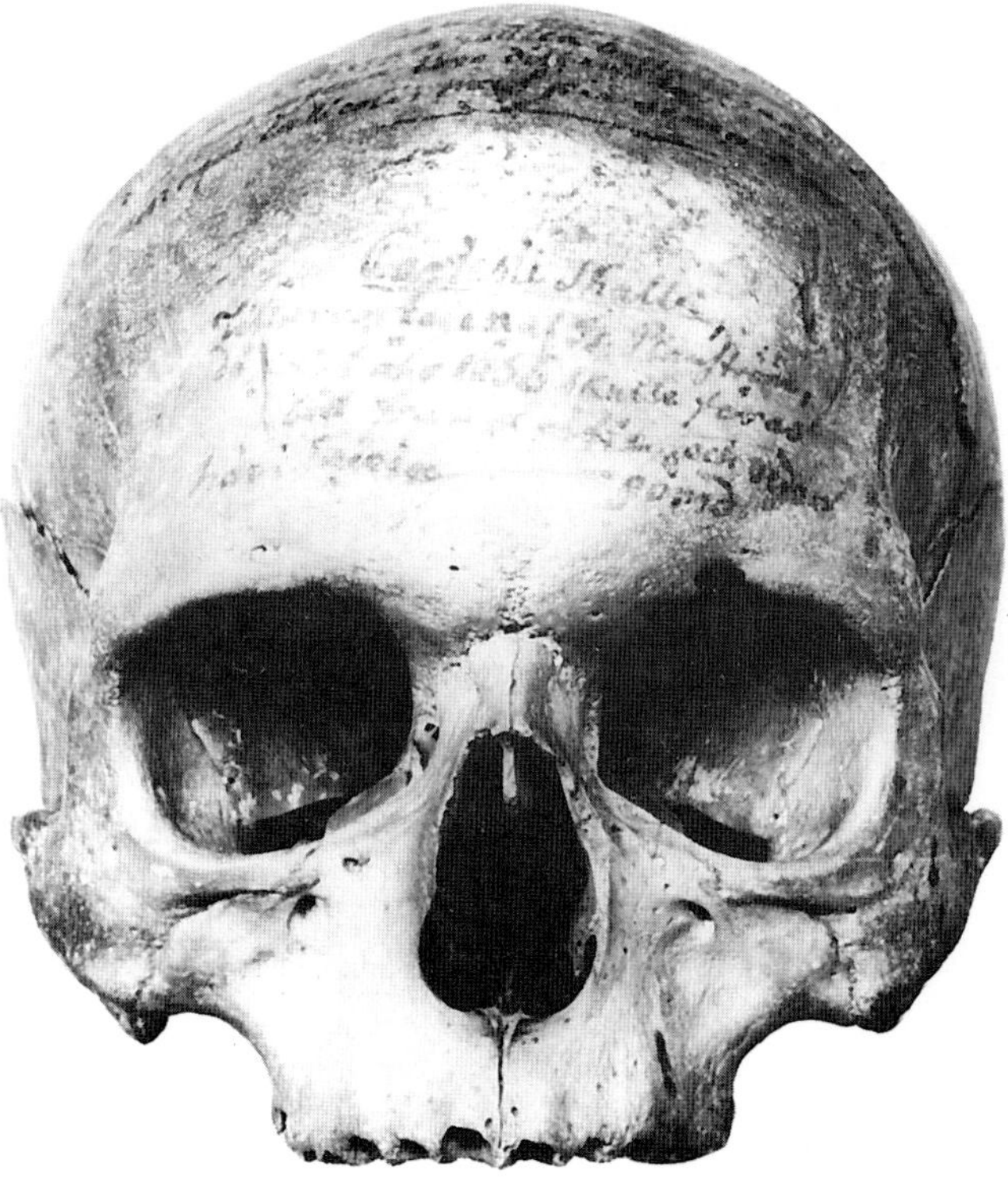

現在パリの人類博物館に保存されてあるデカルトの頭蓋骨の前景。前面に銘が記されている。

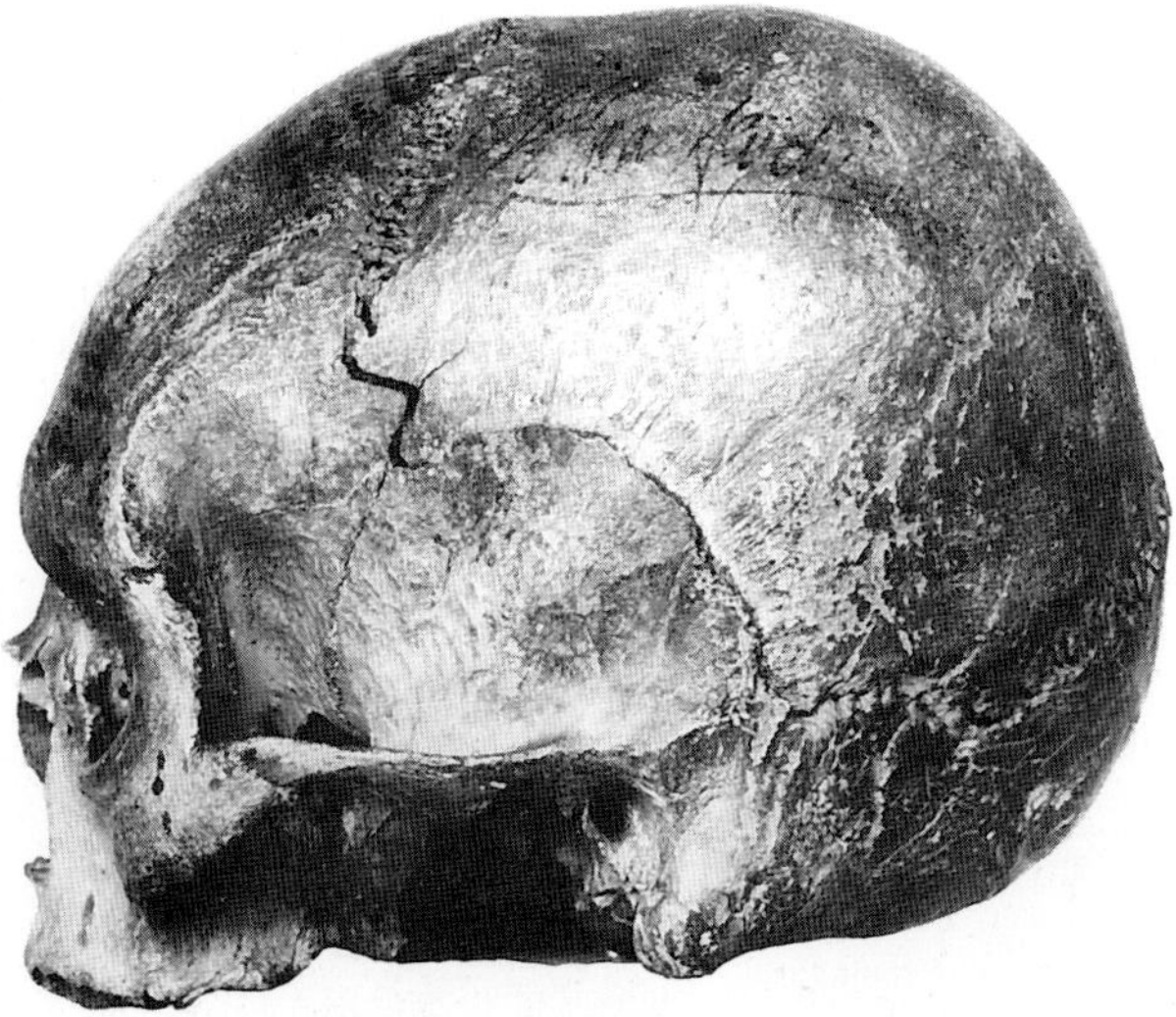

デカルトの頭蓋骨の側面。左頭頂骨にJ・A・ヘゲルフリュシュトの名前が見える。

1984年，パリの人類博物館の人類学実験室で，デカルトの頭蓋骨を調査するアイケ・ピース博士。

デカルトの最期の日々とその死に関する，ヨハン・ヴァン・ヴレン博士の報告を受け取った人物。ブラジルおよびアムステルダムにおけるナッサウ＝ジーゲン公ヨハン・モーリッツ皇太子の侍医，ヴィレム・ピース（ピソ）博士。

デカルト暗殺

この書は偉大なる哲学者
ルネ・デカルト
生誕400周年を記念するものである。
1596年３月31日，ラ・エ(フランス)に生まれ，
1650年２月11日，ストックホルム(スウェーデン)に死す。

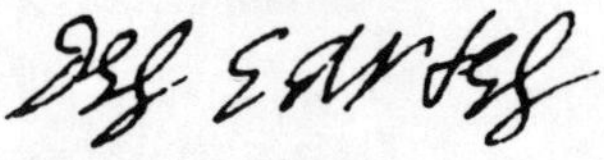

プロローグ

デカルトの死をめぐる疑惑

4

伝記作家によれば、デカルトの死に謎めいたところはまったくない。著名なる哲学者ルネ・デカルトは、一六五〇年二月十一日午前四時頃、ストックホルムの大使館で、十日間病床に着いたのち、通常の肺炎によって、五十三歳十ヶ月と八日の生涯を閉じた、とすべての伝記は記している。そして、この見方は、スウェーデン宮廷が公表した公式見解とも一致している。

ところが、デカルトの亡くなったその朝に、スウェーデンの公邸宿舎に、たちの悪い噂が広がった。大使の客人は嫉妬深い佞臣《ねいしん》に毒殺されたというのである。どうしてこんな恐ろしい疑惑が生じたのだろうか。なぜ宮廷はこの噂を全力で押さえたのだろうか。歴史家は今までこの疑惑を解明しようとしなかったし、真相も明らかにされてはいない。今も昔も、人の噂はいい加減なものだし、すぐに消えていくものである。しかし、噂にも確かなことがひとつある。ひとたび広まり、そして完全には決して消えることのなかった噂には、それなりの理由があるということである。

デカルトを殺害する動機はあったのだろうか。デカルトを片づける理由はあったのだろうか。寒さの厳しいストックホルムを舞台に、暴力的な死の背景と真実を隠そうとすれば、「肺炎」以上にもっともらしい説明は考えられない。北方の冬は寒く、スウェーデン王家の古い城の暖房は不十分である。しかも、朝寝坊のデカルトは、若い女王に近代哲学について進講するために、朝の五時頃に出かけねばならなかった。しかし、デカルトは、二、三度そうしただけで、突然病気になり亡くなってしまった。

これが事実である。これをあれこれ詮索するのは科学の対象ではないし、科学を奉じる者のすることでもない。事態の真相をもう少し明らかにできるのは、「偶然」という名の警部だけである。この警部は三三〇年の間注目を浴びることがなかった。そして、いま本領を発揮するときが来たのである。

私は、一九八〇年、私の先祖ヴィレム・ピース（ピソ）博士の伝記資料の収集を完成するために、ライデン大学の「西洋写本蔵書」を訪れた。このピソ博士とは、ブラジルでナッサウ＝ジーゲン公子モーリッツの侍医であり、植民地医学の祖、アムステルダムの医学校校長でもあった。このピソがオランダにいる頃、以前の学友でスウェーデン女王クリスティーナの侍医の一人、ヨハン・ヴァン・ヴレンが書き、使者を通じて、彼に送った手紙が存在することを私は知った。その手紙は「デカルト博士の病気と死に関する書簡」と題され、一六五〇年二月十一日、つまりデカルトの死の当日の日付がある。追伸には、この手紙が密書であって、女王によって検閲されたこと、この手紙を第三者の手に渡してはならぬという明確な命令が下されたことが記されている。

私は、この警告を読んで、この手紙をいつかもっと詳しく分析する必要があるのではと思うようになった。というのも、秘密の手紙には、重要な情報は文の中にではなく行間に込められているという共通点があるからだ。

私は調査を続け、情報を得ていくうちに、初めは疑惑だったものが、次のような確信へと高まっていった。つまり、デカルトは自然死によってこの世を去ったはずがないという確信である。証拠ははっきりある。デカルトの頭蓋骨が、死の十六年後盗まれ、数奇な経路をたどった後、一八七八年、あるフランスの文書保管所に行き着き、そしていまでも段ボール箱に入れられ、スチール製のロッカーに保管されてあるのだ。

事実は、探偵小説よりもずっと奇なることが多い。しかし、たとえ何百年も前の犯罪であろうと、現代の分析技術は犯罪の解明のために力を発揮してくれるはずである。

さて、ここで「デカルト暗殺」の幕を開けることにしよう。その際、歴史的な犯罪事件の暗闇に光を投じるためには、同時代の人々、犠牲者自身、伝記作家、毒物学者、法医学者を証人台に呼び出さねばならない。

1

ルネ・デカルト——気むずかしい哲学者

ラ・エはトゥレーヌの小さな町である。ラ・エはポワトゥーの対岸にあり、その間にロアール川に合流するヴィエンヌ川の支流であるクルーズ川が流れている。ラ・エは、果実とブドウが繁茂し、今もワインによく合う山羊乳チーズが作られる、緑に満ちた、肥沃な地域である。

この土地で、ルネ・デカルトは一五九六年三月三十一日の日曜日に誕生し、四月三日に洗礼を受けている。彼の父ジョアシャン・デカルトは法律家で、ブルターニュ高等法院評議官を務めていた。祖父のピエール・デカルトは舅《しゅうと》のジャン・フェランと同じく、シャテルローの医師であり、また、母のジャンヌ・ブロシャールは、ポワティエの官吏の家庭の出であった。

デカルト家は、(低いながらも)貴族の階層に属し、免税特権を享受していた。デカルト家の姓は、貴族の通例として、もともとデ・カルトと書かれていたという。デカルト家の学者たちは、当時の人文主義者の慣例に従って、姓をカルテシウスとラテン語化したが、デカルトは自分の名前をルネ・デ・カルト(Renatus Des Cartes)と記す方が適切としていた。一六一八年頃アルシャンジェの大叔母から、ポワトゥーのル・ペロンの小さな領地を相続した後は、「ル・ペロンの人」と自称したこともあった。この相続の結果、若いデカルトは経済的に独立することになり、生計に頭を悩ませることなく、自分の研究に専心できるようになったのである。

話が先に進みすぎてしまったようだ。話を戻して、今では著名となった出身者にちなみ地名もさて、幼いルネは生後一年で母を失った。父親は「デカルト」となったラ・エに戻ることにする。さて、幼いルネは生後一年で母を失った。父親は成長しつつある息子をあまり気にかけなかったようで、デカルトの利発な知性に気づいてはいたが、息子に何をしてやるべきかよく分かっていなかった。ふざけて「この子は子牛革の装丁で本にでもしてもらうかしかない、他には何の役にも立ちそうにもないから」と息子のことを述べたこともあった。そこで、父親は、一六〇四年の春、その時やっと八歳になったばかりの子供を、近くにあった、ラ・フレーシュ（アンジュー）の王立学院に入学させた。この少年施設は国王アンリ四世によって一年前に創立され、すぐに、ヨーロッパのもっとも優れた学校の一つという名声を博していたものである。その学校で、ルネは、叔父であるシャルレ神父のおかげで、他の生徒と同じ大きな共同寝室ではなく、「部屋付き生徒」として個室で眠り、朝に起こされる煩わしさも免れることができた。

学院にあった古い図書館は、何世紀の間も変わることなく、今でもなお、世界中から集まる人文科学研究者にとって秘密のヒントを与えてくれる場所となっているが、ルネはそこでラテン語の文法に頭を絞り、古代ギリシア・ローマの著作を読み、中世哲学の大型本のあいだをかき分け進み、特に数学と天文学に興味を持つようになった。進歩的なイエズス会の神父は、この早熟な生徒に閲読禁止の書物を読むことを許したため、ルネは、まだ教会から有罪判決を受けていなかった、コペルニクスとガリレイのセンセーショナルな発見を知ることができるようになった。このため、デカルトは終生この教師たちに感謝の念を忘れなかったという。もちろん、このイエズス会のメンバーが、デカルトとその「謬見《びゅうけん》」と戦い、その結果、デカルトの死の一三年後に、デカルトの著作を禁書目録に入れることになろうとは予期できるはずもなかったのだが。

一六一〇年、アンリ四世、つまりこの学院の創設者の心臓が王立学院の教会に埋葬されたが、そのとき、十四歳のデカルトもその葬儀に参加していた。ちなみに、のちにその祭壇の右側に、デカルトを記念する黒い大理石の板がもたらされることとなる。一六一二年には、デカルトはイエズス会の学院を去り、法律学を学ぶために、ポワティエ大学に入学した。そこで、二十歳の「貴族」は、一六一六年十一月九日、十日に、法律学の試験を受け、バカロレアと法学修士号を授与された。

ところが、デカルトはすぐさま時代の限界に突き当たる。デカルトは、彼の時代を越えるものを欲したのだ。知の未踏査領域を神からのものとして甘受することは、デカルトにはできなかった。のちにデカルトは次のように告白している。

多くの疑いと誤りに悩まされている自分に気づき、勉学に努めながらもますます自分の無

ラ・エ=デカルトにあるルネ・デカルトの生家。上階の 3 部屋は，今日でも記録文書と陳列品を展示し，この小さな町が生んだ偉大な哲学者を称えている。

知を知らされたという以外、何も得ることがなかったように思えた。そこで、私は教師たちへの従属から解放されるとすぐに、文字による学問〔人文学〕をまったく放棄してしまった。そしてこれからは、私自身のうちに、あるいは世界という大きな書物のうちにだけ見つかるかもしれない学問だけを探求しようと決心した。

世界という大きな書物。内省的な学者の生活にあきあきしている若者に対して、その書物は当時様々なものを提供した。一六一八年、三十年戦争が始まり、ヨーロッパは未曾有の危機に瀕することとなる。デカルトは剣を扱うことを学び、自費で支度を整え、旧教徒連盟に味方するのではなく、良心の呵責に悩まされることなく、カルヴァン派のオランダに赴き、近代的戦争を実地体験してみるために「志願兵」となった。ナッサウ公モーリッツに仕えたが、ダブロン金貨を従軍の記念にもらっただけで、俸給はもらわなかった。デカルトは長くそこに留まることはなかった。一六一九年の四月、デカルトはコペンハーゲンに赴き、そしてダンツィヒ、ポーランド、ハンガリー、オーストリアを訪れ、フランクフルトに赴く。そこで、デカルトは一六一九年八月二十六日、フェルディナンド二世が皇帝に即位するのを目撃することになる。

一六一九年から二〇年にかけての冬を、彼はウルムで過ごしていた。十一月の十日から十一日

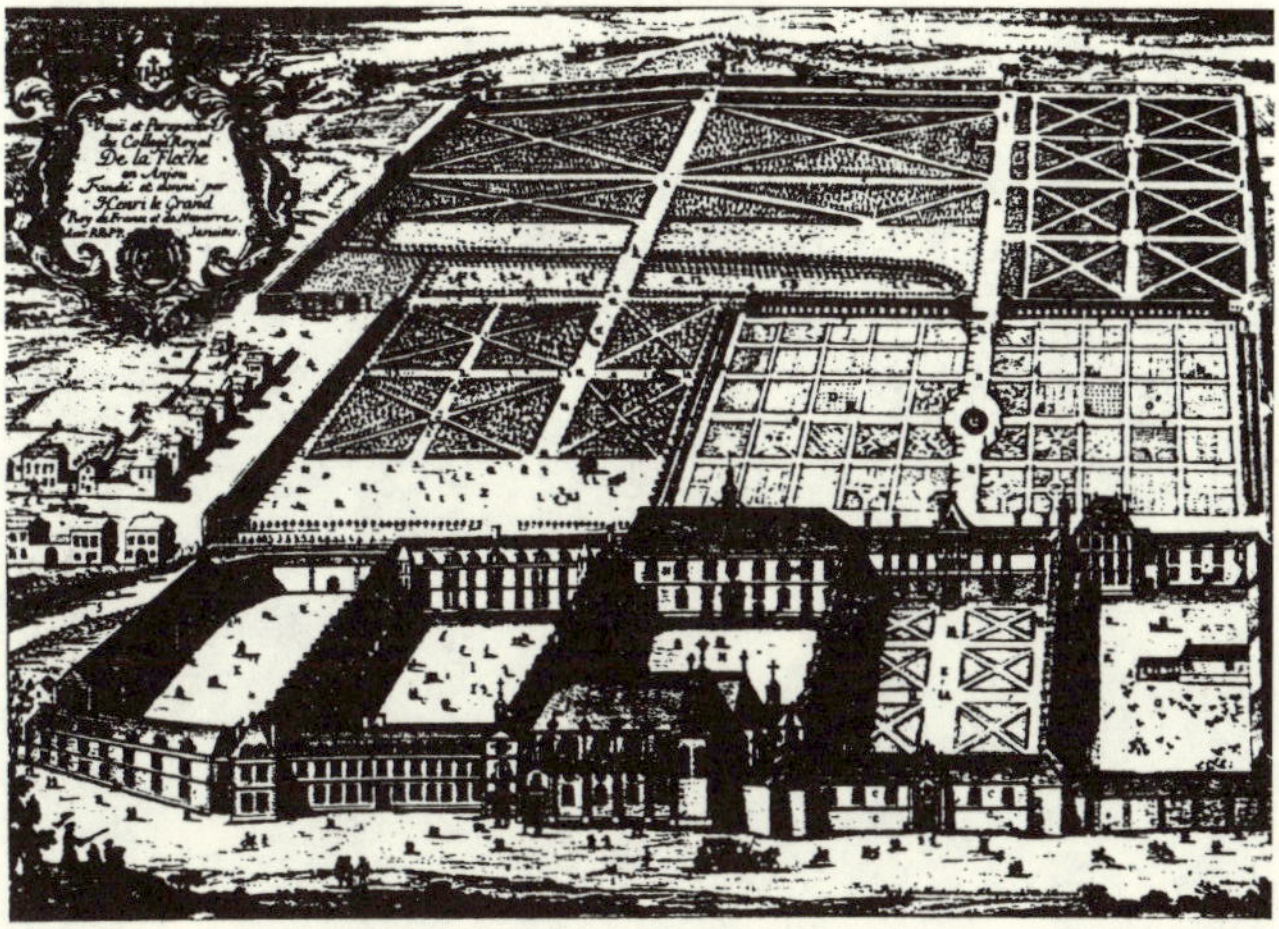

1603年にイエズス会士によって設立されたラ・フレーシュの王立学院は，現在では国立陸軍幼年学校となっている。

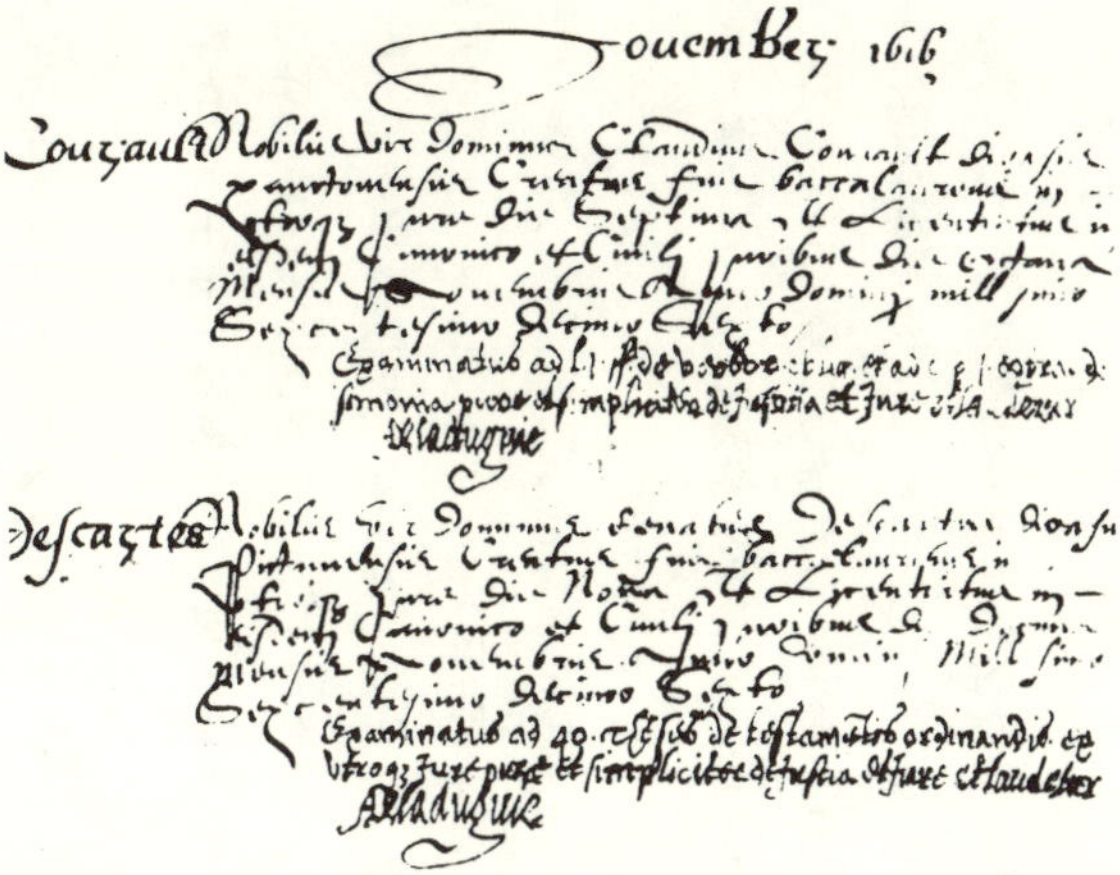

1616年11月，ルネ・デカルトの合格に関するポワティエ大学学籍簿の記事。

にかけての夜、のちの人生に決定的な影響を及ぼす経験をする。三つの夢が彼を悩ませた。突如として、ヴィジョンの形で、全く新しい世界の見方、世界を経験し、把握するための新しい方法が彼の心にひらめいたのである。

これこそ、人類にとって類いまれなる、世紀の一瞬となる出来事であった。デカルトは、この新しい可能性、洞察、見通し、認識を吟味し、秩序づけ、まとめるために一八年をかける。のちに、一六三七年、オランダのライデンで、フランス語で書かれた薄い、地味な小冊子が刊行された。この本は、突如として、ヨーロッパの精神の流れを変え、時代の流れを、「以前」と「以後」に分けるほどのものとなる。この本こそ、『理性を正しく導き、学問において真理を探究するための方法序説』である。

この本において、デカルトは懐疑を学問的方法にまで高めた。この懐疑から最も確実なことが現れてきたのである。仮象と現実について思索する人間自身は、疑いの余地なく存在しているはずである。「我思う、ゆえに、我あり」。これこそが決定的な基礎となる。今や、その基礎の上に、試行錯誤の方法に優り、全学問、全知識を数学的な明晰さをもって統合する学問的な建築物が建てられることとなった。

個々の事実に拘束されることなく、あらゆる課題を解明する普遍的学問がなければならないということが発見されるだろう。その学問の名前は普遍数学であり、他のあらゆる学問を包括するものである。

デカルトは該博な教養を有し、考えられるほとんどすべての学問領域に通暁し、多くの旅行を行い、当時の一流の学者と交流した哲学者である。

一六二五年の夏からは、デカルトはほとんどパリに滞在していた。当時、パリの大学、つまりソルボンヌは、ヨーロッパで最も重要な大学の一つと見なされていた。その教授と博士たち、神学者、法学者、数学者、物理学者、医学者は、二千年にわたる知識の宝庫を管理し、新しい知見のうちどれが広められるべきであって、どれが異端として非難されるべきかを決定していた。しかし、彼らは、いまだにギリシアのアリストテレスに基づく中世の物理学に依拠していた。その教義によれば、全世界は、四つの元素、水・火・空気・土から成り立っていて、これらの元素は常に互いに闘争しあい、自然の事物はこれらの諸要素の合成体として捉えられる。デカルトは、理論・教義を実験によって吟味し、多くの事柄は、学者の主張とは異なっていることを確認した。

一つの同じ事物については、ただ一つの見解しか真理でありえないのに、学識ある人々によって、いかに多くの様々な見解が主張されているかを考えた結果、私としては、たんに蓋然的なものはすべて、ほぼ偽であると考えることにした。

にもかかわらず、ソルボンヌの学者たちは実験を行おうともせず、なすことといえば、知識をひけらかすための討論だけであった。この討論は、謎解き遊びでしかないのに、当時の世界の精神的・宗教的・道徳的・政治的秩序でもあったのだ。その学問を批判する者は、異端者・謀反人と見なされ、生命の危機にみまわれることも少なくなかった。パリの議会は、反アリストテレス的な物理学の実験を死刑の罰則をもって禁止した。デカルトの新しい方法が、このような学問に対して、全面的な宣戦を布告するものであることは誰にでも見て取れることであった。

自分が危険の中にいることに気がついたデカルトは、一六二八年パリを離れ、プロテスタントの国オランダに移り住む。そこでは自由な風が吹き、ヨーロッパの他の地域では禁止された多くの本の刊行が許されていた。そういう場所でデカルトは誰にも邪魔されずに仕事ができた。アムステルダムについて、デカルトはある手紙で次のように記している。

この大きな町では、私以外は、誰でも商売を営み、皆が商売の儲けに聡くて、誰にも気づかれないまま、一生を過ごすことができるかもしれません。

もちろん、まったく気づかれぬままではいられない。一六三七年の『方法序説』に続いて、デカルトのその後の諸著作がオランダで刊行される。それらの中で、観察・分析・法則を重視する新しい世界像が一歩一歩発展していったのだ。すべてのものは認識可能であり、解明可能であるように見えた。全体を細部に至るまで十分に分析し、法則性において認識しなければならない、そうすれば、ついにはすべてのものを引き起こすことができるのではないか。

この考えは誤っているが、実り豊かな考えである。デカルト主義者にとって、世界全体はゼンマイ仕掛けになっていて、すべてのものが歯車のように精確にかみ合い、制御されているのだ。デカルトこそ、物理学の力学的時代を基礎づけたのである。技術は発展の途についたばかりで、まだまだ未発展であった。彼らにはすべてのことが可能で、すべてのことが許されていると思えた。学問は、盲目的に人間の理性と、その理性の合理性を信頼してしまったのである。

そのうち、デカルトは、著名な学者や科学者に認められるようになった。とはいえ、崇拝者が増えるにつれ、敵対者も増えていった。一六三三年のガリレオ裁判とその有罪判決のために、デカルトは深い不安に陥る。彼は、自分のすべての原稿を焼却処分すべきか昼も夜も思い悩んだ。一六四一年、ついにデカルトは、無神論者であるという、身に危険を招きかねない教会側からの非難にユトレヒトで抗弁しなければならなくなった。が、影響力を持った友人の助けを借りて、やっと一六四三年、嫌疑を晴らすことができたということがあった。

教会から弾圧されたにもかかわらず、デカルトは表面的には一生の間、教会の敬虔な信者であり、批判を向けたのは、教会の中でスコラ神学を駆使する連中だった。

教会によって教えられる考えと、学者たちに一般に受容されている、基礎のしっかりしていない自然学に基づく考えとは、注意深く区別しなければならないと、私には思われる。

一六四八年四月十六日、ヨーロッパ全土を荒廃させた三十年戦争を公式に終結させることになる、ミュンスター平和条約締結の二、三ヶ月前頃、デカルトは、教会が政治に及ぼす悲しむべき影響について次にように述べている。

異端や非正統的教派の原因を作ってきたのは、すべてカトリックの修道士たちのスコラ神

C・ヘレマンスの銅版画では「異端者」デカルトが右足をアリストテレスの著作の上に置き，当時一般に正しいとされていた教義を文字通り踏みつけにしている。

学である。何よりも、このスコラ神学こそ取り除かれるべきものである。どうしてこのような煩わしいものが必要なのであろうか。素朴な市民や農民でも、我々と同じように天国を獲得することが分かっているのだから。論争に明け暮れて、神学を使い道のないものにし、その挙げ句、公論・紛争・戦争などを引き起こしてしまう代わりに、素朴な人々と同じように、単純素朴な神学を持つだけで十分なのだという、教訓が得られるはずだ。

デカルトは、オランダではほとんど田舎に隠遁して暮らし、静かな環境で研究に従事することができた。彼は、動物を解剖し、精力的に解剖学を研究し、初めて条件反射や、切断肢に現れる「幻影肢痛」について記述し、友人には医学上の助言を与えたり、治療したり、物理学の実験を行い、技術的な改善に専心して、双曲線ガラスの研磨のための機械を改良したり、観察や帰納の結果を紙に書き付けたり、神学者、学者、政治家、そして特に、オランダに亡命していたプファルツ伯エリザベートと様々な学問領域をめぐる往復書簡を交わしたこともあった。

デカルトの私生活についてはあまり知られていない。彼の家政婦であったヘレナ・ヤンスがデカルトの娘であるフランシーヌを出産したとき、デーフェンターの改革派教会の一六三五年七月二十九日付けの洗礼記録には、父親として「ジョアシャンの息子ルネ」との記載が見られる。しかし、フランシーヌには短い命しか与えられなかった。私生活に関して知られているのはこの程度である。

一六四九年二月二十七日、デカルトに、スウェーデン女王クリスティーナから、ストックホルム宮廷への招聘状が届いた。仲立ちをしたのは、スウェーデン駐在大使ピエール＝エクトール・シャニュである。シャニュは如才ない、教養のある外交官であり、一六四四年にデカルトがフランスに旅行した際に知り合いとなっていた。また、シャニュは、クリスティーナ女王が、この著名な哲学者と是非とも知り合いになりたいと思っていることを知っていた。ところが、デカルトの方では、招聘を受け入れるかどうか、躊躇していた。

トゥレーヌの田園に生まれ、神がイスラエルに約束した土地ほど肥沃ではないが、しかしミルクだけはふんだんにある田舎に住んでいる人間にとって、その土地を離れ、岩と氷のなかで暮らすために、熊の国に移り住むことを決心するのは容易なことではありません。

さらに二通の招聘状が届いた。女王はいらだち始めていたのである。一六四九年四月の初め、スウェーデン提督クラウディウス・フレミングがエグモントのデカルトの家の玄関に訪れる。デカルトをストックホルムまで同行する命令を受けていたのである。それでもデカルトは、またもや切り抜けることに成功する。デカルトは、シャニュに謝罪の書簡を書き送っている。

あなたのお手紙によってフレミング提督がいかなる方であるかを知らされないうちに、提督が先に当地においでになってしまったのです。そのようなわけで、提督からは身に過ぎるほど鄭重に、出立をともにするようお勧めいただいたのですが、とはいってもおいそれと、先日あなたにお書きしたばかりのことと、正反対の決心をしなければならぬとも考えませんでした。つまり当地を離れるまえに、もう一度あなたからのお手紙をお待ち申し上げているということです。（中略）というのも、あの方が、スウェーデン海軍の提督の一人であるとはつゆ知らなかったために、あの方と同行することで道中の安全や便宜の助けになるか、見当がつかなかったからでした。

なぜデカルトは躊躇したのだろうか。ストックホルム宮殿へ招聘されることは、彼の存在が世界的に認められることばかりでなく、経済的に何の心配もない生活を意味していた。彼は、熊の国で彼を待ち受けていること、つまり「死」を予期していたかとさえ思えるほどだ。

しかしついに、デカルトは三月三十一日、スウェーデンに赴く意思のあることを表明した。ただし、夏の終わりまでの猶予を嘆願した。そして、一六四九年九月一日デカルトはエグモントを離れ、九月五日にストックホルム行きの船に乗船した。彼はその時五十三歳であった。

2

スウェーデンのクリスティーナ——十番目のムーサ

スウェーデン女王のクリスティーナの生涯は、今も謎めいていて、矛盾に満ちているように見える。歴史家も小説家も映画監督も、何度もクリスティーナを対象として取り上げ、誤解と伝説を広げるのに貢献してきた。一方で、彼女は尊敬に値する天才、学問と芸術の擁護者と称えられてきたが、他方で、「両性具有」の烙印を押されたり、数多くの愛人関係を噂されてきた。実際、彼女は美しい女性に惹かれながらも、ローマで枢機卿デッツィオ・アッツォリーノと親密な愛人関係を結んでもいる。結局、彼女のうちには、狡猾な政治家の側面、それどころかかつての愛人の一人、モナルデスコ伯爵が政治的な場面で自分の命取りになりかねなくなると、平然と暗殺する犯罪者の側面も見られるのである。

さて、クリスティーナが誕生したのは、一六二六年十二月八日の火曜日のことである。ストックホルムに鐘が鳴り響き、グスタフ二世アドルフとその夫人ブランデンブルクのマリア・エレオノーラの間に子供が産まれたことを告げ知らせた。占星術師の予言にもかかわらず、生まれたのは王位継承者となる待望の男児ではなく、女児であることが判明した。名前はクリスティーナと付けられた。父は生まれて間もない娘を溺愛するようになる。グスタフにとって、美しくはあったが、ヒステリーぎみのブランデンブルク出身の王妃との結婚生活は、特に幸福なものでも、実り豊かなものでもなかった。流産、最初の娘クリスティーナ・アウグステの夭折、そしてもう一度の流産。王の私生活は、苦しみに満ちたものとなり、家庭にいるよりも、グスタフは戦場にいるのを好むようになった。

クリスティーナがのちに自伝で述べているように、彼女も父親のことをとても愛しており、また父親にも愛されていたため、母親からは拒絶され続けた。母親とその廷臣は、意識的にクリスティーナを虐待し、致命傷を負わせるために、乳児のクリスティーナを腕から落とすことが何度もあった。

父グスタフは、王位継承者となる男子に恵まれぬまま、スウェーデンの運命は幼いクリスティーナの肩にかかっていると予感するようになった。一六二七年十二月四日、わずか一歳になったばかりの娘を女子王位継承者として承認させ、彼が死んだ場合には、五人の元老によって教育されること、将来の女王としての爵位を準備しておくべきことを強引に決定した。一六三〇年彼が再び戦場に赴く時には、娘を母親のもとにではなく、宮中伯ヨハン・カジミールと結婚しオステルイェートランドのステーイェボリの城に住む異父妹カタリーナの許に預けた。

果たして、時を経ずして、スウェーデン王に最期が来た。一六三二年十一月六日彼はリュッツェンの戦場で不慮の死を遂げる。後見人、その中でも特に宰相アクセル・オクセンスティルナが教育を引き受けることとなった七歳のクリスティーナは、父親から受け継いだ精神的才能と、頑強な体軀ばかりでなく、このオクセンスティルナから、失せることのない学問への情熱を植えつけられた。女の子としてではなく、男の子として育てられた彼女に、無邪気な子供時代はなかった。同じ年頃の遊び友達と騒いだり、はしゃぎ回ったりする代わりに、彼女は、馬術・撃剣・体操・射撃の稽古に夢中になって取り組み、少女の頃になっても男子服ばかりを好んで着ていた。ピエール・シャニュはのちに次のように報告している。

騎士の訓練を続けても彼女は疲れをしらなかった。私は、彼女が狩りで十時間も馬上にいたのを見たことがある。酷寒を苦にすることもなかった。全力で走っている野兎を一撃でしとめることにおいて、彼女に優るものはスウェーデンにはいなかった。

子供の頃からのお付きの教師、神学者ヨハン・マティエから、若い女王は、体系的に、国語・宗教・歴史・算術・天文学・地理学を学んだ。マティエの報告では、クリスティーナは毎日ほぼ一二時間勉強し、一六三九年以降は、毎日三ないし四時間、アクセル・オクセンスティルナの指導の下に、国政の勉強に専心した。まもなく、クリスティーナは、スウェーデン語以外に、ラテン語・フランス語・ドイツ語・オランダ語を流暢に話せるようになり、さらにギリシア語をも懸命に学んだ。一六五〇年、イエズス会士でスペイン大使の聴罪司祭であったチャールズ・アレクサンデル・マンデルシャイドは、クリスティーナの驚くべき才能について次のように報告している。「彼女は通訳を交えないで一人で外交使節と交渉をし、一八頁の報告書をたちどころに読み、内容をラテン語で報告することができた。そして、十ヶ国語に通暁し、古代・現代の詩人の詩句を暗唱し、さらに、教父たちの著作を研究し、ギリシア・ローマ古典文学も嗜《たしな》んだ」と。しかし、直接彼女の姿に接した同時代の人々は、若い女王が短時間しか眠らないのを常とし、冬になっても朝の四時頃に起床するのを、喜んで見ていたわけではなかった。

かつての育ての母親カタリーナはクリスティーナの大のお気に入りであったが、一六三八年に亡くなった。クリスティーナは、少女時代、そのカタリーナの息子で、四歳年上のいとこ、宮中伯ツヴァイブリュッケンのカール・グスタフに思いを寄せていた。このような親類縁者との結婚について、スウェーデンでも、他の諸王家でも反対する向きはなかった。そういう結婚は、きわめて普通のことであり、特に王家の都合を考えた場合にはなおさらそうであった。ところが、二人の関係を真面目に考えねばならなくなり、カール・グスタフが約束の実現を望んだとき、クリスティーナは気が変わり、その代わりに、一六四五年春に、ストックホルムの宮廷女官となった、美女エッバ・スパレに心を向けるようになった。

一六四八年ミュンスターとオスナブリュックで講和文書が署名され、三十年戦争は終結した。クリスティーナは、自分の政治目的が達成されたことを見て、それはとりわけ自分の手柄であると考えた。今や、クリスティーナはストックホルムをヨーロッパの最も重要な文化の中心地にし、当時の最も著名な学者と芸術家を招く野心を持ち、王家の威厳に見合う潤沢な経済的援助を与える条件で彼らを招請した。しかし、辛辣に見る人々は、クリスティーナは学問と芸術を心から愛するがゆえにこのような考えを実現に移したのではなく、ただ客人たちの偉大な名声によって自分を飾り立てたかっただけだと考えている。理由はどうあれ、また、若き女性君主が「北方のミネルヴァ」、「スウェーデンのパラス」、「十番目のムーサ」などどう呼ばれようとも、我々の事件の経過には関係がない。

ストックホルムの宮廷には上流階級の人々が集まっていた。クリスティーナの宮廷は、ヨーロッパで最も華美な宮廷の一つとの評判をとり、同時代の人々は賛嘆と驚嘆の思いを込めて、その様子を報告している。ただ、スウェーデンの人々は、宮廷での活発な様子を見て憂慮していた。国庫は数十年に及ぶ戦争の遂行によって底をついていたからである。クリスティーナは財政面には疎く、個人的な関心を満たすためにいつも散財していた。一六五一年春、ついに国家財政はきわめて逼迫し、多くの官吏・職員は前年の俸給の支払いを待たねばならぬ状況に陥ってしまったのである。

哲学者ルネ・デカルトの到来に先立つ、ストックホルムの歴史的事情については、もう少し語るべきことが残っている。一六四六年の時点では、政治的な関係のために、ルター派、カルヴァン派、カトリック派のいずれにも、クリスティーナは好意的な態度をとらなかったが、まもなく彼女の考えはひそかに劇的に変化していった。彼女の脳裏には、ヨーロッパ全体を危機に陥らせる、衝撃的な考えが芽生えていたのである。スウェーデンでは誰にも予想のつかないこと、そしてできるとも思われていなかったこと、つまりカトリックへの改宗を思案していたのである。しかも、三十年戦争集結の一年後にである。信仰の分裂はヨーロッパ全体をも分裂させた。当時「一つの国家には一つの宗教（cuius regio, eius religio）」という原則が生きていた。したがって、支配する君主の宗教によって、臣民の宗教も決定されるのである。いまや、巨大な権力を有する女王クリスティーナ、ドイツ皇帝と旧教徒連盟に対する戦争において、プロテスタント陣営の先導をきっていたグスタフ・アドルフの娘が、よりにもよってカトリックに改宗しようとは！彼女は既に、外国人は「信仰箇条に関し、悪意ある聖職者によって論戦に巻き込まれたり、国外退去されることはない」と宣言することで、高位聖職者を憤激させていた。それと同時に、彼女は一五九七年のウプサラ決議が当時なお有効であることに反対する最初の文書を著した。ウプサラ決議は、一五五五年のアウクスブルク信仰告白に基づいて、ルター主義からのあらゆる逸脱を禁止していたのである。このような基盤の上で、彼女の父グスタフ二世アドルフは「神の業を実行する者」として、スウェーデンのカトリック教徒を処刑したのである。

スウェーデンの歴史を繙《ひもと》けば、女王が国中を信仰の危機に陥れたことが以前にもあった。スウェーデンのヨハン三世は最愛の妻であるポーランドの王女カタリーナ・ヤゲロンのために、プロテスタント信仰に揺らぎ、妻の影響によって、一五七四年ローマ法王庁との間で、スウェーデンとカトリック教会との再統合を目指す交渉に入る準備があることを宣言した。その時、ローマ法王庁は、練達のポーランドのイエズス会神父スタニスラウス・ワルシェヴィッツを派遣した。彼は、優雅な廷臣の姿に変装してストックホルムに赴いた。それでも十分ではなかった。ある日彼は、自称プロテスタント神学教授ローレンツ・ニコライとして姿を現し、巧みなやり方で聖職者を混乱に陥れた。彼はのちにイエズス会士であることが分かったのだが、とにかく彼は、国王ヨハンのおかげで、巧みな混乱劇を引き起こすことができた。しかし、まもなくカタリーナが死去し、プロテスタントのグニラ・ビルケがヨハンの妻の位置を占めると、カタリーナがあらかじめローマ教皇のために仕組んでおいたことはすべて無駄になってしまった。

それでも、ローマ法王庁は反宗教改革の流れの中で、〈至福を与える、唯一の教会〉の懐にスウェーデンを引き戻すのを諦めてはいなかった。その際、目的は手段を正当化すると考えられていた。そして、今やっと好機が到来し、用意万端の期を迎えた。フランス大使ピエール・シャニュは信頼できるカトリック教徒であり、クリスティーナから厚く信頼されていた。そのシャニュを介して、大使館付き司祭で、アウグスティヌス会修道士のフランソワ・ヴィョゲは、王女に「正しい道」を歩ませ、改宗を準備することになっていた。そして、この改宗は果たして、デカルトの死の四年後に現実化することになる。運命のいたずらというべきなのか、よりにもよってデカルトの友人が、努力のかいもあって、デカルトをストックホルムの宮廷に招請することに成功したことが、期せずしてデカルトの死を早めることになったのだ。

イェーナのフリードリヒ・シラー大学の教授で近世初期の歴史を研究している、イェリ＝ペーテル・フィンデイセン博士は一九九二年に出版したクリスティーナの伝記で次のように述べている。

ヴァチカンの教皇庁が、シャニュの大使館付き説教師であったフランソワ・ヴィョゲ神父に、スウェーデン女王に接近するよう委任したのは証明済みとみなされている。（中略）ヴァチカンの教皇庁は、ドミニコ会士をスウェーデンに派遣することも検討したが、シャニュはその計画に驚き、外交上での紛糾を引き起こしかねない危険を察知して、フランスの枢機卿で大臣であったマザランに抗議したために、ヴァチカンの計画は頓挫することとなった。ヴィヨゲ神父は「北方諸国への教皇派遣宣教師」といういかにも相応しい肩書きを帯びていた。

そして、このヴィヨゲ神父が、フランス大使館で死の間際を迎えていたデカルトに、最後の祝福を与えることとなった。

3

デカルトとクリスティーナ

デカルトが船から降りてストックホルムに足を踏み入れたのは、一六四九年十月の初めのことである。その時の船長は、デカルトが乗船中に航海術に関する驚嘆すべき知識を披瀝したと報告している。デカルトは、フランス大使館で友人のシャニュのもとに宿泊する。シャニュのお陰で、スウェーデンの王宮に招請してもらえたという事情があったからである。さかのぼって一六四七年、シャニュはデカルトから、女王にとって特に興味深い三つの問題を論究した手紙を受け取った。その時、クリスティーナは、自分の親友であるシャニュを通して、デカルトに関心を持つようになった。その問題とは、「愛とは何か」、「自然の光だけで神を愛するようになるのかどうか」、「愛と憎しみのどちらが、無秩序や濫用に陥った場合、害悪を及ぼすか」というものである。シャニュは策を練り、フランス人の侍医デュ・リエに相談し、この医師が朝の回診の際に、クリスティーナがデカルトの手紙のことで夢中になり、そしてデカルトの論述を絶賛するようにとし向けたのである。シャニュの策略は成功した。もっとも、クリスティーナはデカルト自身に対してはある程度の関心を示したにすぎなかったのだが。

五十三歳の哲学者は、到着のすぐ後から、ほぼ三十歳ほど若い女王の歓待を受けた。デカルトの女弟子で、オランダに亡命していた「冬の王」〔選帝侯フリードリヒ〕の娘であるプファルツのエリザベートに、デカルトはある手紙で、少し自慢を交えて、「自分はまだストックホルムに足を踏み入れて四、五日しか経っていないのに、すでに二度もクリスティーナ女王にお目にかかった」と報告している。それでも、デカルトが女王に与えた最初の印象は強烈なものではなかったようだ。というのも、女王は、デカルトが「熊の国」に慣れて、ストックホルムのことをもっと知るようにと、数週間の時間の余裕を与えたからである。もっとも、トゥレーヌの陽光に満ちた田園に生まれた者にとって、北国の十一月や十二月は、決して気晴らしになるものではなかったのだが。

デカルトは、クリスティーナが哲学に触れたことがないのに今頃になって気づいた。クリスティーナは、哲学ではなくて、古典文献学の方を愛好していたのだ。ところが、デカルトは古典文献学とその擁護者のことをまったく重視していなかったし、また実際、最初の二度、宮廷へ参上した際にはそのことをはっきりと口上した。デカルトは、女王に「そのようなお歳になってまだギリシア語を学んでいて恥ずかしくないのですか」と不躾な質問をぶつけてしまった。デカルトの方は、子供の頃学校で学んで、そんなつまらないものはとうに忘れ去ってしまったというのである。

この発言で、デカルトは初っ端から情け容赦のない敵を宮廷に作ってしまった。デカルトは、自分の来訪が皆に快く思われているのではないことに気づく。女王の著名な客人たちにしてみれば、自分たちは一攫千金の幸運に恵まれていると考えていた。女王の愛顧、宮廷の栄光と快適さに囲まれながら、常に女王の側にあること、著名な同時代人との出会いと会話、ちょっとした贈り物。そして、終身の国家年金は当時あらゆる学者のあこがれる夢であった。自分の学問に喜びを十分に見いだせない、平凡な学者にとって当然のことだ。宮廷に寄生する学者たちは、著名なフランス人学者が招かれるという知らせに戦慄を覚えざるを得なかった。彼らは皆、自分たちが苦労して集めた知識の集積を、デカルトがただのガラクタと考えていることを知っていた。そして、デカルトが最初に女王に謁見した際に、果たしてそのことは証明されてしまったのである。

けれども、デカルトは初めのうちは冷遇されていた。デカルトが最初依頼された仕事は、一六四九年十二月八日の女王の誕生日に備えて、バレーの台本を書くことにすぎなかった。もちろん、デカルトは、命令に従い、忠実に「平和の誕生」という作品を書いた。三十年戦争を終結させた、ミュンスター講和条約の寓意劇である。このバレーの台本で、デカルトは女王の役割を、平和をもたらした人物として適切に評価した。彼女はこの作品に満足する。さらに、デカルトは、クリスティーナが創設しようとしていた、ストックホルムの科学アカデミーのための規約を起草するという、栄誉ある任務を仰せつかる。また、若き数学者・物理学者・宗教哲学者であるパスカルが、クレルモン・フェランの水銀柱と、自分のそれとの比較ができるようにと、毎日水銀柱の高さを記録していた。

しかしながら、全体的に見れば、デカルトは失望し、退屈していた。彼の友人シャニュはフランスにいて、デカルトの世話は、自分の妻に任せっぱなしであった。フランス人の侍医デュ・リエもこの時は旅に出ていた。そこで、デカルトの話し相手として残ったのは、フランス大使館の礼拝堂付き司祭で、「北方諸国への教皇派遣宣教師」ヴィョゲ神父だけであった。デカルトはこの神父とともに、夜になるとシャニュ夫人と、十代半ばの二人の子供のために、宗教の話をした。神父は、その際、デカルトが自由思想家であることにはっきり気づき、その哲学を恐れたにちがいない。デカルトの哲学が、一般に受容されている教義から逸脱しており、もし彼がクリスティーナに「現代哲学」を教授することになれば、自分の秘密の使命にとってきわめて危険であることに気づいていたはずだ。神父は、キリスト教的に謙譲しながらも、宮廷でのこの危険な競争相手が不興を蒙り、(たとえどのような仕方であろうとも)消えてくれないだろうかと考えたに違いない。いや、そう強く望んだはずである。

結局、新しい友人となったのは、図書館員兼帝国歴史官、ウルム出身のヨハン・フリードリヒ・フラインスハイムぐらいだった。彼のおかげで、デカルトは、宮廷での細々とした雑務を免れられるようになり、また、文献学者たちからのますます激しくなる陰謀から身を守ってもらえたようだ。

そうしている間に、一六四九年十二月二十三日、大使に任命されたシャニュがストックホルムに戻ってきた。シャニュのために女王が開催したレセプションに、デカルトも参加した。そこで、女王は、年の変わり目の頃、帝国歴史官フラインスハイムとともに、城の図書館でデカルトに謁見しようと思し召した。しかも、朝の五時にである！ 朝寝坊のデカルトにとっては、辛い試練である。シャニュはデカルトのために馬車を用意した。しかし、フランス大使館から城までの道のりは遠く、冬の朝は寒い。その上、古いスウェーデン城の暖房はきわめてお粗末であった。

まもなく、女王の国事のために、別の仕方で講義を進めざるを得なくなった。女王の命令で、デルフト出身の宮廷画家で、ヴァン・ダイクの弟子であるダヴィッド・ベックが、デカルトの肖像画を描くこととなった。そして、異様に強い印象を与える絵画が誕生した。これが偉大な哲学者の最後の肖像となる。

当時ポーランド駐在のフランス大使であったド・ブレジ子爵に書かれた手紙は、デカルトの最後の手紙となったものだが、その手紙は、「熊の国」での彼自身の状況がきわめて不幸なものであることを物語っている。

ストックホルム、一六五〇年一月十五日

ご多忙の中、ハンブルクよりわざわざ御消息を賜り、厚く御礼申し上げます。お読みいただける甲斐のあるお手紙をすぐにでも認《したた》めるつもりでございました。ところが、十二月八日にお手紙をお送りして以来、女王陛下には四、五回お目にかかっただけで、しかも早朝の図書館で、フラインスハイムを伴ってのことでした。その際、お手紙に認めてお伝え申し上げるほどのことを女王陛下とお話しする機会には恵まれなかったのです。一四日前に、女王陛下はウプサラにお旅立ちになられましたが、私はお供いたしませんでした。木曜日の宵に女王陛下がお戻りになられてからも、陛下にはお目にかかっておりません。ピエール・シャニュ大使も、陛下がウプサラに旅立たれる前には、一度しか陛下にお目にかかっておりません。もちろん、私も末席を汚した大使の最初のレセプションは除きますが。陛下以外に誰かを訪うということもありません。ですから、人々がどうしているのかも知りません。この地では冬の間は、人の心は海と同じように氷に閉ざされているかのように思われます。もちろんのこと、陛下にお仕え申し上げる熱意に何の衰えもありませんが。サルヴィウス殿下に仲介の労をとっていただき、心より御礼申し上げねばなりません。とはいえ、殿下がご来訪の際には、ご紹介いただいた姿とはほど遠い、至らぬところばかりの私の姿をお見せすることになるのではないかと惧れております。申し上げねばならないのは、閑地に退きたい思いが日に日に募り、こちらにお戻りになられる際にお迎えに上がることができるのか確かではないことです。と申しても、女王陛下に仕える熱意に欠けるところが出てきたからでも、私が望みうる御好意のほどを、陛下がお示しになっていないからでもありません。しかし、私はこの地では本領を発揮することができず、私が今望んでいるのは閑静と休息だけです。これらのものは、自分からは享受できない人々に対しては、地上で最も権勢を誇る王でさえも、与えられないものなのです。あなたの望むものが手にはいるよう祈念しております。私が貴殿に対して、従順にして忠実なる僕であることを信じてくださいますよう心よりお願い申し上げます。

自分の決心、つまりできるだけ早くオランダの閑地に退きたいという決心を、デカルトはしかしストックホルムで口に出すことはなかった。実行に移す前に、死が彼を襲ったからである。

4

病気と死

一六五〇年二月二日、ルネ・デカルトはフランス大使館で突然病気になった。女王の筆頭侍医であるデュ・リエ医師は不在であった。クリスティーナは後見人であるデュ・リエをブレーメンの領地を検分するように派遣していたため、彼はまだブレーメンに留まっていたのである。五日目（！）になってやっと、女王は大使ピエール・シャニュの願いを容れて、オランダ人の侍医ヨハン・ヴァン・ヴレンをデカルトの枕元に派遣したのである。デカルトの側に付いていたのは、忠実なドイツ人の従者シュリューター・ヴァッヘだけであった。二月九日には、ベテランの医師は患者は治療する手だても、助かる見込みもないと認めざるを得なかった。

アドリアン・バイエは、一六九一年の最初の浩瀚なデカルト伝において、デカルトの最期の日々と亡くなる様子を次のように記している。

シャニュ大使がやっと快方に向かい始めたのと同じ日に、デカルトは床に就かざるを得なくなった。彼の病気の徴候は大使の病気の前触れとなったものと同じであった。そしてこのあと、肺炎を伴う、しつこい高熱が起こった点も全く同様であった。（中略）八日目に、デカルトは自分の懺悔聴聞僧ヴィョゲ神父を呼びにやらせ、傍らにいた人々に、あとはただ神の慈悲と、魂の別離に耐えるための勇気のことだけを話してほしいと頼んだ。デカルトは、自分の現在の状態と死後の生の状態について省察を及ぼし、それを物語ったが、その様子は、自分のベッドの周りに集まった大使の家族の全員に感動を与えるものだった。（中略）九日目に死が訪れた。宵の九時から一〇時頃、人々が皆夜食のために部屋を引き払っていたとき、デカルトは自分で起きあがろうとし、しばらくの間、下僕とともに暖炉の側に腰掛けようとした。しかし安楽椅子に腰掛けたとき、二度に及ぶ大量の瀉血のせいで疲れていると述べ、気を失った。すぐに意識を取り戻し、従者にこう語った。「ああ、いとしいシュリューターよ、今度こそ旅立たねばならない」。シュリューターはこの言葉に驚き、再びデカルトをベッドに戻した。すでに就寝していた大使、大使館付き説教師で、伝道の旅からその晩戻ったばかりのヴィヨゲ神父がすぐに呼びにやられた。（中略）ヴィヨゲ神父は、眼と頭の動きを見て、意識が朦朧としていないことに気づき、まだ言葉が分かるのか、そして最期の祝福を受け取りたいかどうか、合図してほしいと頼んだ。（中略）すぐにデカルトは目を天に向けた。その様子は、周りの人々を感動させるものだった。そして全身全霊を神の御心に任せる仕草をした。神父は通常の訓戒をデカルトに与え、デカルトは彼なりの仕方で答えた。大使はデカルトの眼を見て、その考えを理解し、心の奥底を読みとって、集まった人々に話した。「我が友は、悔いなく生を終えようとしている。出会った人々にも満足し、神の慈悲に全幅の信頼を持っている。真理を目の当たりに見、そして手にすることを心待ちにしている。真理こそ、彼が一生の間求めていたものなのだ」。最後の祝福の後、その場にいた者は、臨終の祈りを捧げ、世界中に広がる信者の教会全体を代表して、救霊の祈りを行う司祭の言葉の後を着いていくために、皆跪いた。その祈りの終わる間もなく、デカルトは動くことなく、彼の人生の潔白に相応しい静けさのなかで、創造主に彼の精神を委ねた。デカルトは、二月十一日の朝四時頃、生を終えた。五十三歳十ヶ月と八日間の人生であった。

バイエが伝えている報告は確かに真情に訴えるものだ。とはいえ、何が真実で、何が創作なのか。デカルトの実際の死因とその背景に目が行かないようにする巧みな隠蔽があるのではないか。いずれにせよ驚くべきなのは、バイエの描写が文体でも感情面でも、今日の大衆新聞の記事に似ているばかりか、学問的な根拠がないにもかかわらず、今日までデカルトの伝記作家はすべてこれをほとんど無批判に受け入れてきたことだ。バイエはトリックを使って、デカルトの発病がいかにも「肺炎」によるかのように見せかけている。デカルトは、直前に同じ病気に罹っていた友人から感染した、とバイエは記す。友人の方は快方に向かい、デカルトは床に着き、結局死を迎えた。女王に拝謁するためには、しかも正確に午前五時に伺候できるためには、午前四時頃には馬車に乗り込まねばならないし、そのためには、寒い冬の間、夜も明けぬ午前三時にはベッドを抜け出さねばならない。そして暖房も不十分な城で比較的長時間に及ぶ会話。バイエによれば、デカルトは友人のインフルエンザにかかり、最終的に彼の死が訪れたというのだが、今挙げた事柄をすべて合わせても、デカルトの死を説明するのに十分ではない。

デカルトが、自分の状態が絶望的であるのを悟ったとき、「神の慈悲と勇気」について語り合うために、「懺悔聴聞僧」ヴィョゲ神父と話がしたいと、自分の意思で要求した。自分の判断のみを信頼し、誰をも（自分を治療してくれる医師を含めて）信じない人間、神への信仰を堅く持っている人間、権勢を振るう公的機関としての教会に公然と反抗はしなかったとしても、俗世でそれを擁護する者には常に批判的に立ち向かい、自分の見解を敢然と述べた人間、その哲学と物理学が教会の根本教義を揺るがせた人間、よりにもよってこのような人間が、死の床で、プロテスタント国スウェーデンに宣教し、女王をローマ教会の内部に取り込もうとする秘密の使命を帯びた神父を呼ぶべきだったのか？ヴィョゲが彼に臨終の秘蹟を与えるとき、デカルトは、もはや話すことができなかったと、バイエは報告しているが、それが真相に近いのだろう。デカルトは、もはや闘うことができなくなっていたのだ。

この有能な神父に関する疑惑を避けるために、バイエは、ヴィョゲがデカルトの死のほんの二、三時間前に宣教の旅から戻ってきたことを強調している。バイエがヴィョゲに与えたアリバイは、根拠がないとはいえないが、のちに詳しく論じるように、何の意味もない。

（表向きはシャニュの話にもとづいて）「著名な哲学者」の死の知らせを聞いたとき、クリスティーナは激しく慟哭した、とバイエは伝えている。デカルトがそれほど女王の心を占めていたとは、歴史的な資料から読みとることもできないし、女王がデカルトにとっていた態度からしても考えることはできない。

デカルトが死んだ朝には、ストックホルムに、哲学者が嫉妬に燃えた宮廷付き文献学者に毒殺されたという、悪い噂がたちどころに広がった。こういうときには、自由思想家の仇敵として相応しい人物は文献学者の他にはいない。宮廷は即座に「デカルトは肺炎で死去した」という公式声明を出すことで対応したわけだが、これはまったく理解しやすい対応である。女王の著名な客人が、いわば目の前で殺害されたということを、それ以外にどう否定すべきだろうか。

こういった背景を考えると、デカルトは肺炎で死亡したという、バイエの弁護はとりわけ別の意味合いを帯びてくる。バイエは、「様々な不快で、たちの悪い噂」に激しく抵抗している。

デカルトの死亡に関して、唯一の真なる原因は、デカルトが、彼の体質には合わない季節に、女王と病気の大使の両方に気配りをしたことである。そのことは、自分の健康に責任を持とうと決心して以来、デカルトがずっと慣れ親しんでいた生活の仕方を変更しなければならなかった、ということを考えれば容易に理解できる。大使は最初の日に、友人の病気が自分の病気と同じであることに気づき、自分を直してくれた治療法を、彼にも施すべきだと考えた。にもかかわらず、熱がこもって、最初にデカルトの頭脳が犯された。熱のためにデカルトは、友人の正しい忠告に耳を貸すこともできず、人々の願いを裏切ることになってしまった。

この不可解な説明は何を意味し、いや何を実証しているのだろうか。寒い季節と、クリスティーナと友人であるシャニュへの気配りが、デカルトを殺したのだろうか？ 確かに、朝寝坊のデカルトは、クリスティーナと四、五回話を交わすために、「生活の仕方」を変更しなければならなかった。そして、クリスティーナとの会話は、一六四九年十二月に、その都度朝の五時頃なされた。ところが、デカルトが一六五〇年一月十五日のド・ブレジへの最後の手紙で述べているように、デカルトは、女王がウプサラに旅立った一月一日以来、（暖房の行き届いた）大使館に留まり、女王への朝の訪問は行っていない。デカルトは最初、侍医のヴァン・ヴレンに治療してもらうことを拒否している。これは熱のために「頭脳が犯され」、分別が失われていたからではなく、逆に、デカルトがまったく明晰に思考することができ、瀉血が治療法として有効でないことを正しく認識していたからだ。

バイエは、必要に応じて、全く矛盾する論法を用いている。デカルトは、一方では、高熱のために朦朧としていたと言い、他方では、最後の祝福を受けるとき、知性に曇りはなかったと述べる。デカルトには「人々の願いを裏切る」力だけは残っていた、と言う。しかし、そうすることで、図らずも、伝記の対象となっている人物の特徴を適切に表現している。というのも、デカルトは、生きているときには、気むずかしく、反抗的な思想家で、時には、非社交的で、周りの人に気に入られることの少ない人物だったからだ。

歴史家の課題は、資料を批判的に吟味し、その真正さを証明し、真理を虚偽から切り分け、事態をできるだけ客観的に再現することだ。これは、まさにデカルトが、懐疑を学問的方法にまで高める方法を述べた『理性を正しく導く方法序説』において要請したことだ。

史料編纂者が真犯人に有利になるように、歴史を意図的に歪曲し、虚偽を広めることで、謝礼を受けるというのは、よくあることだ。このような虚偽はいつも改めて登場してくるとしても、虚偽が本当のこととしてまかり通る期間は長くはない。

1650年オランダで鋳造されたデカルト記念メダル
（アドリアン・バイエ『デカルト氏の生涯』431頁より）

批判的に見れば、バイエによるデカルトの死の描写は、シャニュなどの情報提供者に依拠しているとはいえ、疑わしいところが多い。デカルトが死んでほぼ三五〇年を経た今、事の真相を明らかにし、デカルトが『方法序説』のなかで思惟する人々に求めていたように真理を扱うことこそ、この偉大なる思想家に対して果たさなければならない義務である。

実生活の行動は、猶予をゆるさないことが多いから、どれが最善の意見なのか見分けることができない場合には、最善に見える見解を選ぶのが、最も確かな道である。しかも、多くの見解が同じように本当らしく見え、どこに我々が向かっているのか分からないときも、一つの見解に決めなければならない。しかし、いったん一つの見解を選んだ後は、実行に関する限り、疑わしいものとしてではなく、真にして確実なものと見なすべきである。というのも、私がその一つの見解を選ぶ際に用いた原理そのものは、真にして確実なものだからだ。

5

一つの死体に群がる人々

シャニュは、石膏模型を作らせるために、蠟でデカルトのデスマスクを取ることを命じた（なお、この石膏模型は行方不明となっている）。クリスティーナは、デカルトの屍が、リッダルホルム教会の王室墓所の隣に埋葬されるように希望した。しかし、シャニュは大使としての力を行使して、同じフランス人であるデカルトがルター派の墓地に埋葬されないように画した。

その結果、デカルトを収めた棺は、一六五〇年二月十三日、ストックホルムの孤児霊園にカトリックの典礼に則して、ひっそりと埋葬された。その霊園には今アドルフ・フレデリック教会が建っているが、ここにはカトリック教徒もそれ以外の教徒も眠っている。埋葬の際、棺の横に並んだのは、司祭の他には四人の貴族だけであった。凍りついた大地のために、さほど深くなく掘られ、壁に石がはめ込まれ、白い蠟引き布の張られた墓穴の周りには、松明《たいまつ》が灯された。その墓の上に、大使の指図により、石の墓標が建てられることになり、一六五〇年五月に完成した。オークの木材で外装を施された棺型墓の回りに、シャニュは、自分で書いた四つの墓碑銘を刻ませた。その一つには次のように記されている。

後の世の人よ、知れかし
ルネ・デカルト、いかに生きしかを

55

生き様をまねびて、思想を仰ぎ見るために
彼、哲学を根底より改めり
人に自然の内奥への道を示せり
その道、新たにて、確実にて、堅固なり
定めずして残したるは
彼の知と彼の謙遜、いずれが偉大なるかばかりなり
真理と知りたることを、控え目に述べたり
虚偽に力で抗うことなく、真理をもって示したり
古の人を軽んじることなく、今の人にも迷惑をかけぬまま
生の潔白をもって、妬み人の中傷を償えり
不正に手を染めずして、常に友愛に富めり
今や被造物より創造者に至る階梯を登りぬ
恩寵の送り手たるキリストの懐のうちに、父の宗教にて
安らかに眠るために

さあ、旅人よ、旅立ちて、思いを凝らせ
クリスティーナいかに偉大なりしかに
宮廷のその徳にいかに裨益せらりしかに

「生の潔白をもって、妬み人の中傷を償えり」。この一行には文字に記した以上のことを、シャニュが考えていたのではないかと思える響きがある。一見して、デカルトが毒殺されたという噂をほのめかすものであるが、バイエはデカルトの伝記では改竄して次のように記している。つまり、「デカルトは、生の潔白に相応しき静けさのうちにて死せり」と。

ところが、ストックホルムにおける、デカルトの安らかな眠りは一六年しか続かなかった。シャニュの後にフランス大使となったユーグ・ド・テルロンは、フランス財務長官ピエール・ダリベールに促されて、もう一人のデカルトの信奉者とともに、一六六六年、デカルトの遺骨を祖国に移送する許可を宮廷に求めた。その願いは聞き入れられ、国家警備隊少尉イスラエル・プランストレームの監視のもと、遺骨の発掘が行われた。ド・テルロンは、デカルトの右手の人差し指の骨を求め、わざわざしつらえた小箱にその遺骨を入れて、パリに送ったが、その骨はその後所在不明となっている。今となっては、ストックホルムのアドルフ・フレデリック教会内の、一七七〇年に国王グスタフが建てた大理石の記念碑が、デカルトを思い起こすよすがとなっているだけである。

デカルトの遺体は（のちに明らかにされるように、といっても完全にではないが）一六六六年五月一日、用意してあった二フィート半（約七五センチ）の銅製棺に収められた。この棺は鉄帯で封鎖され、国璽で封緘《ふうかん》された。その際、作られた記録は現在見つかっていない。

棺は国外に移送される六月までの間フランス大使館に留めおかれた。その後まず、船でコペンハーゲンまで送られ、そこで、ド・テルロンは新たに任命された大使として、大使公邸に入居する。そこで三ヶ月ほど滞在していると、イギリスの熱狂的なデカルト信奉者が棺を盗み、設計中の墓所に埋葬しようと狙っている、という密偵からの報が届いた。このために、ド・テルロンはパリへの旅程を変更し、従者と執事とともに馬車に乗り込み、デカルトの収められた棺を、衣服の束とフランス国旗の下に隠しておくことにした。

バイエの報告によれば、税関役人が、フランス国境で、中身を点検するために棺を開けたはずだというが、この描写も、きわめて疑わしい。というのも、高位フランス外交官の馬車、しかも旅行許可証を提示できる高位外交官の馬車を大胆に点検して、国璽で封印された棺を開けることができるような関税役人がいるはずもないからだ。さらに出来事の流れをたどっていけば分かるように、このようなひどい話は本当のはずがない。

ついに、馬車が一六六七年一月パリに到着したとき、ストックホルムでデカルトの遺骸が銅製棺に移されて以来、八ヶ月が過ぎていた。いま、やっとのことでデカルトを故国に埋葬する準備ができるようになり、暫定的に棺はサン・ポール礼拝堂に置かれ、半年ほどそこに留められていた。その間に教会はデカルトの著作に有罪判決を下し、禁書目録に入れた。そのような扱いにあった哲学者への追悼の辞の起草は、大学総長のP・ラルマンに委ねられ、葬礼の式辞の草案は、「新アカデミー」の創始者で、ディジョン出身で司教座聖堂参事会員フーシェに委ねられた。

一六六七年六月二十四日の宵、九時頃にサント゠ジュヌヴィエーヴ゠デュ゠モン教会で埋葬の葬礼が行われた。バイエは次のように記している。

葬列は、この大教区（サン・ポール）の聖職者、死者の名において新たな衣を着せられ、松明と燭台をもったおびただしい数の貧者たち、また一流の人々、まだパリに残っていた哲学者のあらゆる知人、彼と知己になる名誉に恵まれなかったたくさんのデカルト信奉者たちを乗せた長い馬車の列から成り立っていた。

ローマ教会が禁書扱いにした哲学者の銅製棺は、教会にいる人々の敬意を浴びながら、葬礼を伝える鐘の音とともに、デカルトのためにあらかじめしつらえられた壁龕《へきがん》に収められ、既に用意してあった大理石の板によって蔽われた。この板は後に所在不明とされていたが一九三七年五月、ラ・フォンテーヌ通りのパリ市美術品倉庫で再び発見され、もう一度サント＝ジュヌヴィエーヴ＝デュ＝モン教会に据えられた。そこには、長いラテン語の墓碑銘が刻まれ、その最後の連は次のようになっている。

生きては異国に平安と名声を求めし者よ
死せる今は祖国に賞賛とともに憩えかし
そして祖国の人にも異国の人にも、模範と教訓となれかし
行け、旅人よ
神と霊魂不滅との、最も偉大にして明晰なる弁護者は
既に至福に至りぬることを信ぜよ
さもなくば彼のために祈れ

この葬礼には、シャニュの義弟で、デカルトの『省察』を翻訳したクロード・ド・クレルスリエが加わっていた。その葬礼の最中に、突然、騒ぎが起こることが心配されるという理由で、大学総長ラルマンの追悼を中止せよという国王の命令が届いた。

デカルトは、第二の墓所でなんとか一四〇年ほど静かに眠ることができたが、フランス革命が起きたとき、再び喧噪の渦に巻き込まれる。一七九一年四月十二日、デカルトの甥の息子の発議により、デカルトの遺体を国家の偉人を合祀する霊廟（パンテオン）に移そうという提案が国民議会に提出された。

デカルトは迷信と狂信の故にフランスから遠く離れた異国で死んだ。……人間精神を桎梏から解き放った男、人間の隷属状態を永遠に滅ぼす道を、はるかかなたから準備した男、彼は、ただ自由な国民の名においてこそ敬われるのが相応しいと思われる。そして運命は、あの不遜傲慢な専制政治が汚してきた栄誉を彼のために守ることによって、彼に相応しい仕方で恵みを与えたのである。

このような動議は、当時も今日と同様に、様々な委員会で足止めを食うことが少なくない。この場合には、憲法委員会がこの動議を審議したが、それからさらに別の委員会に回されることとなった。二年半も経って、議員マリー＝ジョゼフ・シュニエが、一七九三年十月一日、文教委員会の名において、デカルトの遺骨をパンテオンに移すことを正式に国民議会に提議した。それに対して、議会は次のような条文を公布した。

偉大な人々に帰せられる栄誉をルネ・デカルトに認定し、その遺体と、著名なるパジューの作の立像を、フランス・パンテオンに移送することを規定する。

十月二日第一号決議

国民議会は、調査委員会の報告の後、次の各条を決議する。

第一条

ルネ・デカルトは偉大な人々に帰せられる栄誉に値すること。

第二条

この哲学者の遺体はフランスのパンテオンに移されること。

第三条

デカルトの墓には次の言葉が刻まれること。

フランス国民

国民議会の名において

ルネ・デカルトに

一七九三年、共和国第二年

第四条

文教委員会は内務大臣と協力して、移転の日程を決定すること。

第五条

国民議会は全員この祭典に参加する。臨時行政評議会およびパリ市管轄区域にある諸官庁も同様に参加すること。

一七九六年一月三十日になってやっと、五百人評議会は、一七九三年になされた議会の決議を実行し、デカルトの棺を共和暦九月十日の「感謝祭」にパンテオンに移送することを要請された。ところが、一人の大臣――おそらくかつてはデカルト主義者であったメルシエ――が巧妙な仕方で決議に反対した。

デカルトは人類を長い間苦しめてきた諸悪の主たる原因である。……彼の著作は誤謬に満ちている。……私は、デカルトがその著作のうちにおいて生きようと死のうとそのまま放置しておくことを立法機関に要求する。

その間サント゠ジュヌヴィエーヴ゠デュ゠モン教会はフランス革命の間に閉鎖され、取り壊されてしまっていたが、遺骨の方は一七九二年にかつての教会の大地の中に、第三番目の憩いの場を見いだしていたらしい。にもかかわらず、一八〇七年、デカルトの遺骨（と言われているもの？）は、考古学者アレクサンドル・ルノワールが、偉大なフランス人を記念するために造営した、フランス記念碑博物館の庭園（ジャルダン・エリゼ）、アウグスティヌス会修道院の近隣にある庭園に移され、四度目の――今では古い石棺に収められているが――埋葬がなされた。

遺骨のこの三度目の掘り返しの際、ルノワールは、報告書の中で、遺骨はそれほど地中深くには葬られていなかったこと、脛骨、大腿骨、前腕の一部（橈骨《とうこつ》）、頭蓋骨の一部が発見されたことを明言している。そして彼は、頭蓋骨の残骸から、指輪を作らせ、それを自分の友人とデカルトの信奉者に贈ったという。

この報告を見ると、ルノワールがデカルトの墓ではなく、他の人間の墓を発掘したのではないかという疑問が生じてくる。その理由は以下の通りである。

● ルノワールが言及している頭蓋骨は、これから明らかにされるように、ほとんど原型を留めていなかった（もっとも、下顎のことになると話は別だが）。

● デカルトが一六六六年に改葬され、一六六七年にサント＝ジュヌヴィエーヴ＝デュ＝モン教会に埋葬された際に収められていた銅製棺に言及していない。

以上のように、スウェーデンの科学者、カール・グスタフ・アールストレーム、ペール・エクストレーム、オーヴェ・ペルソンは、一九八三年に発表された論文の中で、デカルトの棺はもしかすると今日もなお、以前の教会の敷地の上に一八〇七年に作られたクロヴィス通りに埋もれているかもしれないという見解を述べている。

一七九二年にデカルトが教会から墓地へと改葬された際、銅製棺は盗まれ、遺骨だけが地中に残された可能性もむろんある。なんといっても高価な金属なのだから。しかし同じように、ルノワールが後に発掘した遺骨も逆の説明が可能である。つまり、ルノワールが言及している頭蓋骨は、もしかすると他の遺骨の頭蓋骨だったかもしれないわけである。

一八一六年、ジャルダン・エリゼが閉鎖されたとき、またしてもデカルトの遺骨と称するものに相応しい場所を見つけてやらねばならなくなった。デカルトの遺骨は、結局、一八一九年二月二十六日、五番目の、そして最後の憩いの場所として、ベネディクト会のサン＝ジェルマン＝デ＝プレ教会のサン・ブノワ付属礼拝堂の墓所に、マビヨンとモンフォーコンの遺骨とともに葬られることとなった。そこでは、黒い板の上に書かれた次のような金文字の銘を読むことができる。

ルネ・デカルトを
記念して
確かな基礎を有する学問の栄誉と
精神の怜悧さのゆえに著名なり
ヨーロッパにおけるよき学問的努力の再興以来はじめて
人間理性の
権利を
キリスト教信仰の権威を損なうことなく
要求し、弁護せり
今や、彼

66

唯一価値を置きたる
真理の光景を
享受す

一八一九年、デカルトの骸骨が、役人、学者、科学アカデミーの会員の立ち会いのもとに改葬されたとき、重要な部分、生時のデカルトにとってきわめて大事だった部分が欠けていることが判明した。その部分とは頭蓋骨である。

6

頭蓋骨——盗品と収集物

一八一九年に、棺の中身を調査した際に、科学アカデミーの会員は頭蓋骨が欠けていることを確認し、頭蓋骨はすでに一六六六年の発掘の際に「不明」となり、もしかするといまだにスウェーデンに保管されているかもしれないという見解を表明している。ということは、彼らは、ルノワールがデカルトの頭蓋骨の一部と見なされていたものから指輪を造らせたということを知らなかったか、さもなければ、ルノワールの指輪がデカルトの下顎か、または全く別人の頭蓋骨から造られたということを知っていたかの、どちらかということになる。一六六六年にデカルトの本物の頭蓋骨が、別人の頭蓋骨、もしかすると納骨堂から盗まれた別の頭蓋骨と交換されたということは、確かに考えられはするが、ありそうにない。

パリの科学アカデミーが、頭蓋骨が欠けていることを考察しているとき、スウェーデンの医学・薬学教授ヨンス・ヤコブ・ベルツェーリウス男爵（一七七九―一八四八）もその仕事に関わっていた。ベルツェーリウスはのちに化学者として名を知られ、元素分析を基礎づけ、現在でも用いられている化学記号のほか、「有機化学」や「異性現象」の概念を導入した人物でもある。デカルトの頭蓋骨はまだスウェーデンにあるかもしれぬという、パリで公表された疑いに対して、ベルツェーリウスはパリにいるときにはそれを認めようとはしなかった。

ベルツェーリウスが一八一九年にスウェーデンに戻ったのち、『アルグス』誌一八二一年三月十四日号の「モザイク」という欄に次の記事を見かけたとき、ベルツェーリウスは気が動転するほど驚愕することとなった。そこには、かのデカルトの頭蓋骨がごく最近、解剖学教授アンドレス・スパールマンの遺品のうちから競売にかけられ、アルングレンという賭博場所有者が一七ないし一八ライヒスターラーの金額で手に入れたことが記されていた。ベルツェーリウスは即座にこの男のところを訪れ、頭蓋骨を実見し、アルングレンに事態を説明し、頭蓋骨を一八ターレルと一六スウェーデン・クローナで譲ってくれるように説得することに成功した。

ベルツェーリウスは頭蓋骨を精確に調査し、とりわけ、前頭骨の上半分にインクで書かれた、スウェーデン語の銘を解読した。

デカルトの頭蓋骨、一六六六年に遺骨をフランスに移送する機会に、イスラエル・プランストレームによって引き取られ、慎重に保管され、それ以来スウェーデンに保管されてきた。

それ以外にも、ベルツェーリウスは、別の箇所に、どうやらかつてこの頭蓋骨を所有したことのあると考えられる何人かの人物の名前を発見した。

頭蓋骨を手に入れたことと最初の調査結果を、ベルツェーリウスは、当時フランス「科学アカデミー」の会長であるジョルジュ・キュヴィエ教授（一七六九－一八三二）に書簡で報告し、遅まきながら、かつてスウェーデンでなされた聖物窃盗の償いとして、デカルトの頭蓋骨を、個人的にパリへ送りたい旨を知らせた。ベルツェーリウスはまもなく、スウェーデンの大臣で伯爵のグスタフ・レーヴェンイェルムの同席のもとで、デカルトの頭蓋骨をキュヴィエに渡し、この頭蓋骨はサン＝ジェルマン＝デ＝プレ教会にあった棺に入れられるように、強く要望した。

キュヴィエは、徹底的に解剖学的な調査を行ったのちに、次の結論に到達した。この頭蓋骨は真正のものであり、頭の形態とプロポーションは、伝えられているデカルトの肖像の記述と完全に対応するという結論にである。頭蓋骨は土中にそのまま葬られたことはなく（これは、デカルトが一六六六年まで四方が壁で造られた墓所に置かれていた事実と対応する）、また五十歳から六十歳の間の男性のものであると断言した。

キュヴィエの所見にかかわらず、他のアカデミー会員の間では、頭蓋骨の真正さを疑う者が少なくなかった。そこで、頭蓋骨はベルツェーリウスの願いとは異なって棺には入れられず、キュヴィエが設立した「比較解剖学博物館」に置かれた。この博物館は、一八七八年、人類博物館の人類学部門に継承されることとなる。ここで、デカルトの頭蓋骨は、いまもなお、段ボール箱に入れられ、スチール製のロッカーのなかにしまい込まれて、保管されている。

頭蓋骨が埋葬されず、科学的調査がいまでも可能となっているのは、次の事情があったからだ。つまり、ベルツェーリウスは、一七五〇年以降、デカルトの頭蓋骨とその由来について発表された文献を知らなかったこと、そしてパリの科学アカデミーの会員も、頭蓋骨の真正さを確証できなかったことである。のちの調査の結果、パリに保存されている頭蓋骨はデカルトのものであることが確実となっている以上、その真正さについては、疑う余地はもはやないように思われる。

頭蓋骨に記されているプランストレームという名前が、一六六六年にド・テルロンの指示によってなされた発掘を遂行した将校の名前と一致していることは、頭蓋骨の真正さを示す第一の証拠になると言ってよいだろう。書体や表現様式を分析すると、銘は十七世紀半ばに刻まれたことが分かる。もっとも、将校が自分の責任で墓から頭蓋骨を盗んだかどうかはかなり疑わしい。その遺物は彼にとって危険を犯してまで盗む価値のあったものとは思われない。手に入る益に比して危険が大きすぎるのだ。むしろ、熱狂的なデカルト信奉者が、危険に見合う報酬を支払って、頭蓋骨を盗み、それを手渡すように、護衛隊少尉を唆したという方が真相に近いかもしれない。

さらに付け加えると、当時の科学者は、メメント・モリ（死への警告）を頭蓋骨の形で手元に置いておくのが普通であった。頭蓋骨が有名人のものであれば、一層好都合だったので、十六、七世紀の絵画には、学者がこういった頭蓋骨と一緒に描かれているものが少なくない。そして多くの場合、下顎のない頭蓋骨が描かれているのである。これを説明するのは難しいことではない。下顎は嚙み合わせの動きができるように残りの頭蓋と筋肉だけで結びついている。自然に崩壊が進んでいって、骨しか残らないようになった場合、下顎は頭蓋骨から離れ、再び結びつけようとすれば、人工的に結びつけるしかない。しかし、かつての「思惟する頭脳」だけが保存に値し、下顎は価値のないものと見なされていたので、頭蓋骨を図像化する場合、下顎が描かれることはほとんどなかったわけである。デカルトの場合も同じである。頭蓋骨は盗まれたが、たぶん、下顎は、残りの骸骨とともに銅製棺に取り残されたのかもしれない。

墓での窃盗に関連して、一六六六年のデカルトの死体発掘に関する文書による報告がもはや見いだされないことは、格別の意味を有するように見えてくる。依頼人は、影響力を持った高位の人間だったはずで、この依頼人が後でこの報告書を手に入れ、消滅させ、窃盗があった痕跡を公式には消し去ることもできたに違いない。このような根拠にもとづけば、頭蓋骨にその依頼人の名前が見いだされないとしても不思議なことではない。その依頼人はデカルトの頭蓋骨が本物であることを証明するために、頭蓋骨に、いつ、どのような場合に、誰によって盗まれたかを記しておいたのである。一七〇〇年に商人オロフ・ボーンクの遺品のうちに、頭蓋骨が見いだされて初めて、それ以降の所有者の完全なリストを作ることができた。ボーンクが第二番目の所有者であったのか、第三番目の所有者であったのかは、未解明のままである。
スカーラ〔スウェーデン南部の都市〕の校長スヴェン・ホーフ（一七〇三―八六）は、一七三〇年頃、ストックホルムに訪れた際に、ボーンクの息子で、マギステルであったヨナス・オロフソン・ボーンクの家で、デカルトの頭蓋骨を見ている。そして一七五〇年、雑誌の小さな記事で、デカルトの頭蓋骨は一六六六年の死体発掘の際にプランストレームによって盗まれたと報告している。なお、スヴェン・ホーフは、額骨に書き記された、五行のラテン語の詩文の作者でもある。

この頭蓋骨は偉大なるデカルトのものに他ならぬ
その胴体は異国に移れども
その天才的精神と
その学問は
今もなお地球をあまねく巡りぬ

73

ヨナス・ボーンクの後に頭蓋骨を所有したのは、オステルイェートランド地方のフォルスビとキムスタトの領主であったヨハン・アクセル・ヘゲルフリュシュト（一六六一―一七四〇）であった。彼の躍動感に溢れる筆跡は、左の頭頂骨に明瞭に読みとることができる。ヘゲルフリュシュトの死後、ハンス・ステルブフス某の手許を経て、官公吏アンドレス・アントン・スティールンマン（一六九五－一七六五）が聖遺骨を手に入れ、右側頭骨にその名前と一七五一年という年号を書き入れている。スティールンマンはこの頭蓋骨を宮中顧問官ヨハン・アルケンホルツに見せた。このアルケンホルツの名前は左側頭骨に記されているが、頭蓋骨を所有していたわけではない。アルケンホルツは、カッセルで歴史家図書館司書として働いており、スウェーデン女王クリスティーナについての二巻の伝記（ライプツィヒ、一七五一年・六〇年）を発表し、デカルトの頭蓋骨が発見されたことを指摘している。

スティールンマンの娘の手を経たのち、頭蓋骨は、その夫Ol・ケルシウス（一七一六－九四）に所有されることとなる。ケルシウスは一七七七年にルントの主教となった人物だが、後頭骨にその名前が見られる。次の所有者は、ストックホルムの農場主ヨハン・フィッシャーストレーム（一七三五－九六）であることが確認されている。彼から、頭蓋骨は官吏候補者J・アーリレンの手に渡り、その名前が一七九七年の年号とともに左側頭骨に記されている。アーリレンは一八〇九年以前に、解剖学教授のアンドレス・スパールマンに頭蓋骨を送っている。というのは、スパールマンの娘が後に報告しているところによると、この年にスパールマンは、この貴重な遺骨を国王グスタフ四世アドルフに見せているからである。

一八二一年、スパールマンの遺品の競売で、カジノ所有者アルングレンがデカルトの頭蓋骨を競り落とし、その結果、ベルツェーリウス博士がそれを手に入れることができた。そこで、一六六六年から現在に至るまでの、頭蓋骨とその所有者——その最初の「持ち主」に至るまで——の経路と系譜が中断なく示すことができるようになる。

ベルツェーリウスが頭蓋骨をパリに引き渡したとき、一八〇八年にすでにルントで刊行されていた学位論文のことを知らなかった。その論文の題目は「デカルトの頭蓋骨」というもので、その著者はのちにルントで神学教授となったベネディクト・ヤコブ・ベリクヴィストであった。彼は既にデカルトの頭蓋骨を詳細に記述し、その保有者の歴史について一覧表を作成していたのである。

のちの科学的調査によって頭蓋骨は正確に測定され、容積はほぼ一、七〇〇立方センチで、平均のフランス人よりも一四〇立方センチ大きいことが確かめられ、額は、よく知られたデカルトの肖像にも見られるように、平均より広いことも分かった。

頭蓋骨は骨相学の研究対象として役立つことにもなる。ドイツの解剖学者フランツ・ヨゼフ・ガル（一七五八―一八二八）は、当時専門家の間では評価の定まっていなかった骨相学の研究で知られる人物だが、頭蓋骨を構成する二七個の各部分によって、同数の精神的特質が秩序づけられると信じていた。スパールマンのもとで、ガルの方法に基づいて、デカルトの頭蓋骨の骨相学的研究が企てられる。その結果、デカルトにおいて、他の偉大な思想家や科学者にも観察されることだが、特に明敏さの器官がとても発達しているという結論が得られた。

❖

記述の完璧を期するため、次のことを付け加えておかねばならない。それは、ルント大学の博物標本採集品のなかに、左頭頂骨があり、その内側の銘が正しければ、デカルトの頭蓋骨の一部であったということである。

Cartesi döskolla 1691 n. 6（デカルトの頭蓋骨　一六九一年　第六番）

のちに科学的に調査した結果、この頭蓋骨はまっかな偽物であって、一六九一年に、無名の収集家の所蔵目録の第六番にあったとされていたものであることが明らかになった。この頭蓋骨の一部はまったくの捏造品であったが、紀元年数が一六九一年なのは偶然ではない。というのも、バイエがその年デカルトについての最初の伝記を発表し、その結果、デカルトについてそれまで何も知らない人々が彼の死に興味を持つようになったからだ。

属格が誤ってCartesi（正しくはCartesii）となっているのを見れば、偽造者がラテン語をあまり知らなかったことが分かる。すでに、ルントの理論医学と法廷医学の教授であったニルス・ヘンリック・ロヴェンは、一八六〇年にはっきり捏造品であることに気づいていた。鋸歯状縫合が完全に保たれ、欠落していなかったのである。この事実は、結果として、次のことを示している、つまり、この左頭頂骨は人工的に頭蓋骨を壊して取り出されたということである。当時よく知られ、よく用いられた方法とは、頭蓋骨をえんどう豆で一杯にして、水に浸けてふやかせるという簡単なものである。カール・マグヌス・フュルスト教授は、一九〇八年に、縫合の形状から見て、この頭蓋骨の一部は比較的若い人間のもので、五十四歳の人間のものではあり得ないということを確認した。縫い目にある薄い帯状組織は、もともと頭蓋冠〔頭蓋骨のうちで頭蓋腔の天井となる部分〕の結合組織の残滓であって、頭蓋骨における成長の中心を示している。脳は、四十歳、それどころか五十歳になっても成長するので、それにともなって頭蓋も成長する。その後、縫合組織は加齢によって骨化するが、この骨化は内部から始まり、外側に広がっていく。その際、主要縫合組

頭蓋骨および頭頂骨の所有者

頭蓋骨

イスラエル・ブランストレーム　1666

?

オロフ・ボーンク（1700頃まで）

ヨナス・オロフソン・ボーンク（1730頃まで）

頭頂骨

N. N. 1691

?

（共通）

ヨハン・アクセル・ヘゲルフリュシュト（1740まで）
&ハンス・ステルブフス

アンドレス・アントン・スティールンマン&
ヨハン・アルケンホルツ（1765まで）

Ol. ケルシウス（1794まで）

頭蓋骨

ヨハン・フィッシャーストレーム（1796まで）

J. アーリレン（1797まで）

アンドレス・スパールマン（1821まで）

アルングレン（1821）

ヨンス・ヤコブ・ベルツェーリウス（1821）

ジョルジュ・キュヴィエ（1832まで）

パリの比較解剖学博物館（1878まで）

パリ、人類博物館人類学部門（1878以来）

頭頂骨

アンデルス・ヨハン・レツィウス
（1806まで）

ルント、歴史博物館骨董品
陳列棚（1806以来）

織の骨化は異なった時期に生じ、次の順番をとる。矢状縫合（二十—三十歳）、冠状縫合（三十—四十歳）、ラムダ縫合（四十—五十歳）。ルントの頭蓋骨の一部と対照的に、パリに保管されている完全な頭蓋骨の方は、五十四歳の男性の特徴をなす、加齢による骨化に関する解剖学的特徴のすべてを満たしている。

捏造品は現在ルントでひっそりと保管されているが、その捏造品の保有者で名前の知られている最初の人物は、J・A・ヘゲルフリュシュトであることが確かめられている。完全なデカルトの頭蓋骨を保有していたこの人物が、なぜこの捏造品を購入したのか分からない。もしかすると、この人物は頭蓋骨の一部と、完全な頭蓋骨のうち、どちらが本物か確信できなかったのかもしれない。

ヘゲルフリュシュトから、ハンス・ステルブフスの手を経由して、頭頂骨はJ・アルケンホルツの手に渡る。彼は一七五四年に購入し、記名している。一七八〇年のルント大学の博物標本収集品の所蔵目録には、頭蓋骨の部分は、ケルシウス夫人から出たもので、彼女の方は、それを父アンドレス・アントン・スティールンマンから相続し、それをアンデルス・ヨハン・レッツィウス教授に贈ったと記されている。この教授は、この頭蓋骨の一部を一八〇六年、公式にルントの歴史博物館のコレクションに加えている。もっとも、その頭蓋骨の一部は、すでに一七八〇年当時の所蔵目録に記載されていたのだが。

❖

結論

●一六六六年のデカルトの遺体の発掘の際に代わりの頭蓋骨が銅製棺に置かれたということは、ありそうにないことだが、可能性がないわけではない。

●ルントにある左頭頂骨は確実に捏造品である。

●現在パリに保管されている頭蓋骨がデカルトのものであることはかなり確実である。間接証拠のすべて、一六六六年以降の保有者に関する、歴史的に典拠を示しうる記載事項、詳細な解剖学的調査、そしてデカルトの当時の肖像との比較検討のすべてを合わせて考えた場合、頭蓋骨が本物であることは信頼できるものとなる。

7

鍵

——秘密の手紙

デカルトの死のほんの数時間後に、女王クリスティーナの侍医でオランダ人のヨハン・ヴァン・ヴレン（ウレニウス）は、オランダにいる学友ヴィレム・ピース（ピソ）に手紙を出したが、そのなかでヴァン・ヴレンは、ルネ・デカルトの病気と死について詳細な報告を行っている。この医学的報告は、ストックホルムから使者を通じて、アムステルダムのケイゼルスグラハトにもたらされたもので、追伸によって、「秘密文書」と分かるものだが、これこそデカルト殺人事件を解明する本当の鍵となるものである。というのも、この報告を事情に詳しい者が読めば、ストックホルムで広がっていた、デカルトは毒殺されたという噂の存在が確認されるからだ。

ウレニウスとピソは二人ともドイツ系で、ライデン大学での学生時代以来の友人であった。ライデン大学は一五七五年オラニエ公ヴィルヘルムによってアカデミーとして創立されたものである。ライデンは、当時アムステルダムについで、オランダにおける第二の大都市であり、まもなく学問の拠点として国際的に知られるようになった。ライデン大学は国内で最良の大学としてだけでなく、ヨーロッパで最も有名な大学として評判を博していた。当初からこの大学は、著名な学者が招聘される外国人のための大学と見なされていた。そこには、オランダ人の教授以外にも、ドイツ、フランス、イングランド、スコットランド、ノルウェーから来た、数多くの外国人教授が教えていた。一六〇一年から一六二五年の間は、六、〇〇〇人以上の学生が在籍していたが、一六二六年から一六五〇年の間には、早くも一一、〇〇〇人以上の学生が在籍するようになっていた。学生のうち五〇パーセント以上は、ドイツ人、フランス人、イングランド人、スコットランド人、デンマーク人、ノルウェー人、スウェーデン人、ポーランド人、オーストリア人、スイス人、イタリア人であった。一六二六年以降になると、アイルランド、ハンガリー、スペイン、トルコ、北アフリカの諸国、ペルシアの学生も加わるようになった。ライデンは、まさに国際的な大学都市であったわけだ。

ヨハン・ヴァン・ヴレンの父は、同じ名前を持ち、ドイツで司祭の職についていた。一六〇五年、リュトゲンドルトムントでカトリック側に立ち、宗教改革運動への反対者として名をなしたが、一六〇七年、教区からの圧力によってルター派に改宗した。一六〇九年に結婚したのち、プロテスタントの牧師として職に就いていたが、一六二三年、スペイン軍の侵攻から逃れるために、ドルトムントに避難せざるを得なくなり、最終的に一六二五年三月アムステルダムに到着した。彼は、ルター派からアムステルダムで牧師を務めるよう招請を受けていたのである。彼は、一六四〇年十一月九日に死去する。息子のヨハン・ヴァン・ヴレンは一六〇九年にリュトゲンドルトムントで生まれ、一六二九年五月三十日ライデン大学の医学生として学生登録を行った。医学の勉強を終えたのち、アムステルダムで開業し、一六四五年以降、スウェーデン女王クリスティーナに侍医の一人として招かれた。そこで彼は一六五二年三月十四日ヨハン・マルティンソンの娘アンナ・トロッィヒと結婚する。最後に文書に登場するのは、一六五八年だが、その没年は解明されていない。

ヴァン・ヴレンがデカルトのことをあらかじめ個人的に知っていたかは不明であるが、確実なのは、ヴァン・ヴレンの方が、当時広く認められていた教義と全く対立する、デカルトの自然学・医学に関する見解を受け入れていなかったことである。

ヴレンは、同業者であったピソと、生涯続く交友を結んだ。ヴィレム・ピソは、一六一一年ライデンで、クレーヴェ出身のハルメン・ピースとコルネリア・ヴァン・リースヴェルトの息子として生まれた。ハルメンは医学の勉強を中断し、ライデンの聖パンクラスないしホーフラント教会のオルガン奏者となった。

十二歳になったヴィレムは、一六二三年二月二十五日ライデン大学に学生（ラテン語修学生）登録し、のちにそこで医学を勉強する。一六三三年七月四日、二十二歳のヴィレム・ピソは、ノルマンディーのカン大学で医学博士を授与され、一六三七年には、当時伯爵でのちに皇太子となったナッサウ＝ジーゲン公ヨハン・モーリッツにブラジルに招かれた。一六四四年には、ヨハン・モーリッツとともにオランダに戻り、アムステルダムで医師として開業し、ニクラース・トゥルプ博士の後任として、医学校および医学大学の監督に就任した。このニクラース・トゥルプは、レンブラントの解剖教室の絵によって今日も広く知られている人物である。ピソは、その後、ブラジルにおける医師としての経験を何冊かの著作にまとめ、今日、熱帯医学の創始者と認められることとなった。彼は、一六七八年十一月二十八日、ヴェステル教会の墓地で、同じライデン出身の画家レンブラントの隣に埋葬された。

ヴァン・ヴレンとピソは二人とも当時著名な医者であり、熟練医と考えられるし、またその診断は信頼できるものである。

ピソがデカルトを個人的に知っていたかどうかは不明だが、デカルトと密接な関係にあった、影響力のある人物達と面識があり、交友を結んでいたのは事実である。たとえば、数学者でオリエント学教授であったヤコブ・ゴール、詩人のピーター・コルネリスゾーン・ホーフト（ピソも加わっていた、学者と芸術家からなる文化サークル「モイデルクリング」の創始者）、コンスタンテイン・ホイヘンス（オラニエ公皇太子の秘書で、ピソに忠誠を尽くす詩を捧げている）、古典学者・著述家・政治家であったニコラース・ハインシウス（ヴァン・ヴレンの娘と結婚している）等などである。

ラテン語で書かれ、ギリシア語やフランス語をも交えた、ヴァン・ヴレンがピソにあてた書簡は、同時代の写本しか残っていないが、現在ライデン大学の「西洋写本蔵書」に保管されている。訳文は以下の通りである。

デカルト博士の病気と死に関する書簡

親愛なる友へ

再び、我々の友人ムシュロン博士についてですが、二言三言に留めておきます。彼は、妻も家族も伴わず、一人で女王陛下のもとへ参上して、他の友人達同様、自分のことは自分でどうにかせねばならぬでしょう。女王陛下のためであれば、このような任務の際に力を尽くすものは誰かしらいるものです。とはいえ、女王陛下がムシュロンに個人的にお会いになるか、さもなくば彼の意向がどこにあるかを封書でお知りになるまでは、他のお偉方に舵取りを任せようとも、ムシュロンが仕事をやり遂げることはありません。このことを今度女王陛下になりかわって教えるつもりです。

さて、デカルトが、数ヶ月前女王陛下に表敬訪問するために、スウェーデンに来訪したことはご存じのことと思います。このデカルトは、致命的な胸膜炎で衰弱し、今朝夜明けの四

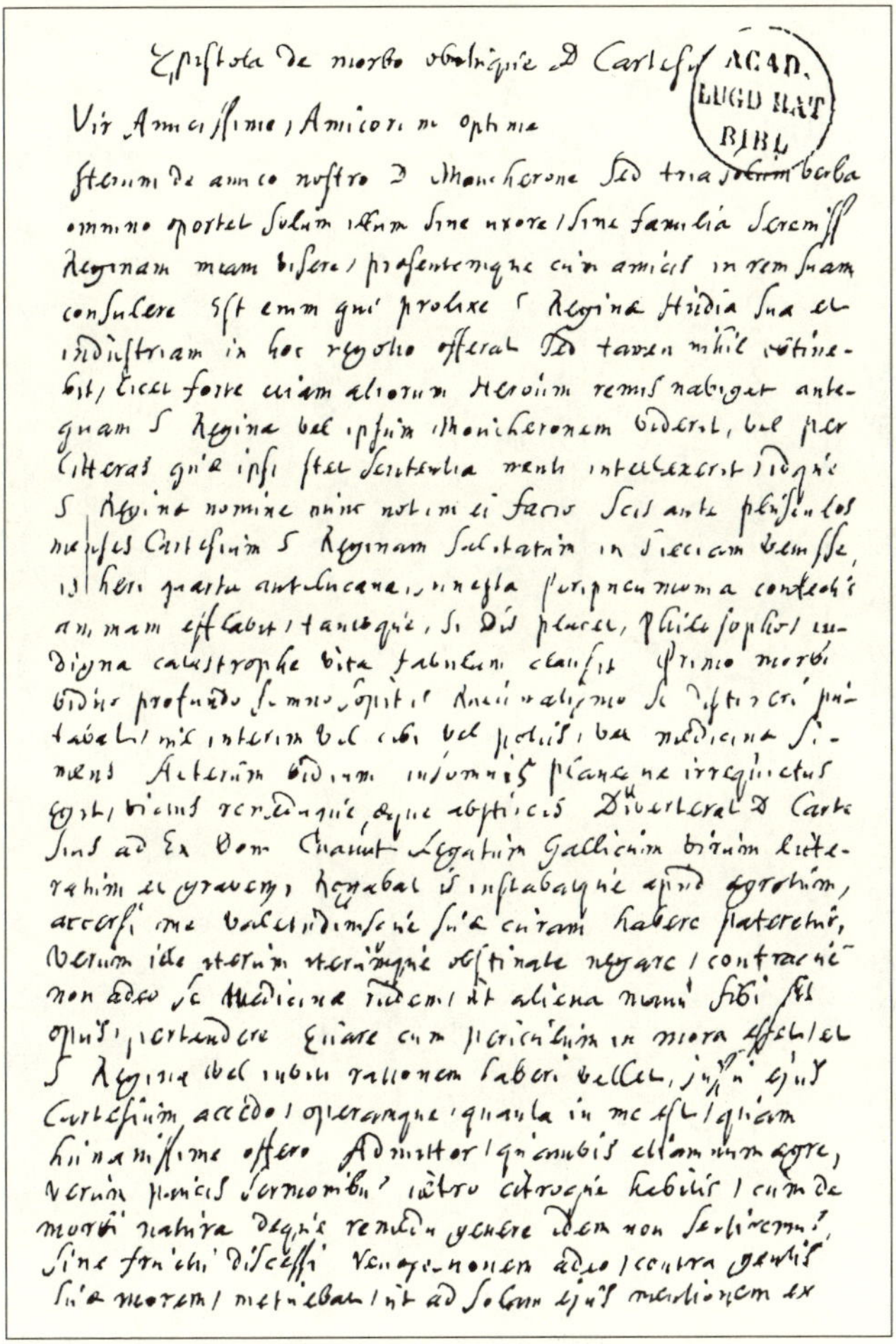
Epistola de morbo obituque D. Cartesii

Vir Amicissime, Amicorum optime

デカルトの死を伝える、ヴァン・ヴレンからピソ宛の手紙時間前に息を引き取りました。神の望んだこととはいえ、この著名な哲学者は、不似合いな悲劇的な破局で人生の幕を閉じたのです。

病気の最初の二日間、デカルトは深い眠りに陥りました。したがって、リューマチにかかったと人々は思ったのでした。この状態にあるとき、彼は食べ物も飲み物も薬も摂りませんでした。

三、四日目は、眠ることもなく、きわめて落ち着きのない状態で、食べ物も薬も摂りませんでした。デカルト博士は、フランス大使で教養もあり影響力も持っていたシャニュ殿下のところに宿泊していました。シャニュは、この私が病気の治療をできるように、私を呼ぶことを承認するようにと病人に強く勧めました。しかし、病人は、再び断固として拒み、それどころか、自分は他人の手を煩わせるほど医学に疎いわけではないと言い張ったのです。診察を引き延ばしにしているうちに、危険な状態になり、女王陛下が、病人の意思を無視しても治療を施すべきだと願ったので、私は願いに応じてデカルトの許に訪れ、私にできることでしたら、どのような助力も厭わない旨を申し出たのです。渋々ではありましたが、私の申し出は受け入れられました。しかし、少し言葉を交わしたのち、何もせぬまま立ち去りました。というのも、私と病人の間で、病気の性質とその治療法について意見が一致しなかったからです。瀉血は同じような症状の人々に固有の治療法なのですが、病人は瀉血をとても恐れ、言葉を耳にしただけで驚き、あわてて「先生、フランス人の血を大事にして下さい」と二度も述べるほどでしたから。そして、五、六日目になれば(1)病状が明確になる(2)〔から、待ってほしい〕と求めてきました。私はその間に、こう考えました。「人をその意思に反して救う人はその人を殺すのと同じである」と。そして死が目前に迫ってきたことの、不確定的な症候だけでなく、紛れもない徴候が現れてきたので、私は死の運命にある病人から喜んで手を引いたのです。

五、六日目が過ぎると(3)、眩暈《めまい》がして、熱があると病人は訴えるようになりました。私が手短に、気安く呼びかけると「シュンマコス〔サマリア人〕よ、高熱ではなかったのに、いま高熱が出てきた」と語りかけてきたので、私は、すぐに腕を切開して、その日のうちに三度瀉血するという指図を出しました。これは、病人の体力が衰弱していることを考えれば、十分なものでしょう。

八日目。しゃっくり、黒い唾液の噴出、落ちつきのない呼吸、視線は定まらず、すべて死の前兆である。病人は、胃の内容物を吐いて体から敵を追い出すために、タバコを混ぜたワインを所望してきました。頑固な人間を激怒させたくなければ、言うことに従わざるを得ませんでした。とはいえ、その処方は軽減されて、彼の害にならないように、ワインは水で薄められ、それにタバコを浸してつくった、軽いタバコの香料入りのワインを与えることにしました。この治療法は、病人の害にならないためのもので、殺す［！］ためのものではなかったのです。

私はその間、「葦の陰に隠れて」見守っていました。尿の中に恐ろしいものを見て、私は、老予言者のように、死の前兆を予告したのです。

九日目になるとすべての面で好ましくない状態になりました。十日目の早朝、病人は、自らの魂を天の神のもとに返しました。彼の著作を詳しく調べれば、ある神学者が最近彼を無神論者として非難したのが理由ないわけではないと分かるかもしれませんが、たとえそうであっても、彼がその魂を天に返したと思いたいし、そう祈らずにいられないのです。

デカルト博士に関して理解に苦しむのは次のことです。つまり、大使殿下［シャニュ］もまったく同じ病気で床に伏していたにもかかわらず、デカルトは、私の忠告を無視して、恐れることもない治療法を施してもらう機会を逸してしまったことです。そして、デカルトは自分でただ一つの治療法だけが症状を緩和したことに気づいていながらも、薬も医者の助言もすべて拒絶して病気の進行に身を任せ、一度だけは私と顔を合わせる我慢をしたが、二度と会いたくないと恥ずかしげもなく述べたことも理解できません。今や彼は知性に導かれるようになり、人生の終わりに近づいて自分の病気の性質と種類について理にかなったことを述べた、と言われていますが。

取り戻された精神の健全さという名誉だけを病人に帰し、言語道断の誤りを犯したことは病気のせいにするのが賢明なやり方でしょう。とはいえ、私としては、精神錯乱によって彼は道を誤ったと信じたいのです。というのも、彼は生きている間も錯乱気味のことを言うことが多く、きわめて知的な人でさえも、彼の論評に賢者のしるしを見いだせないほどでしたから。もちろん、彼は至るところで偉大な人物として扱われています。ですから、こう言うからといって、私のようなお粗末な人間が賞賛されたいと思っているわけではありませんし、このように大胆な出来事に話のけりを付けようと思っているわけでもありません。しかし、小生のごとき者が、比較を絶する偉大な人物を簡潔に切り詰めて説明することは適切なことではないでしょう。私は、彼を誰に比較してよいかも分からないのですから。彼は、馬鹿げた哲学的思考しかできない場合でも栄冠に値する人物なのです。彼が、これまで英知に関わってきたすべての人々のために功を成し遂げてきたとすれば、後世の人々が彼にしかるべき敬意を表するのは当然のことであると思われます。私としてはこれ以上付け加える言葉を持ちません。というのも、私はこれらの知的な人々の独善に心底から怒っているといってもよいほどなのですから。

我が友よ、ご自愛ください、そしてヴレンのことを思い起こして喜びを感じるすべての人々によろしくお伝えください。その人々の一覧表に誰を含めるべきか、ここでまた繰り返して述べる必要はありますまい。もしかすると、よき友人、忠実なる友人は数少ないのかもしれませんが、私としては構いません。よき友人・忠実なる友人の一人としてあなたを考えていますし、変わることなくそう思っています。

敬具

ヨハン・ヴァン・ヴレン

追伸。女王が、私がこの書簡を発送する前に、この書簡を読ませてほしいと仰せられました。つまり、女王は、私がデカルトの死について友人に何を書いたかを知りたがったのです。女王がこの手紙を読み終わった後、厳しく次のように命じられました。すなわち、第三者の手に渡らないように注意せよとのことです。それは、一つには、大使のためであり、この手紙のせいで不評を蒙ったりすることがないようにするためで、もう一つは、デカルトの敵がこれをもって、彼を批判する材料を手にすることがないようにするためです。したがって、この書簡を他の人に読んで聞かせることは構いませんが、それも他の人がこの手紙を手にして自由に使うことがないようにするという条件付きでです。このことについて、我々の友情と誠実さとを心よりお願いいたします。

J・W

一六五〇年二月十一日、ストックホルム

この手紙はピソ博士宛のものである。

著者による注

(1) ヴァン・ヴレンは「二日目と三日目に(tertiumque biduum)」と記しているが、これはヴァン・ヴレンが最初に往診した日、つまり発病後五日目に続く二日間のことが考えられていると思われる。したがって、六日目と七日目を指すと考えられる。〔訳注、tertiumque biduum は「三番目の二日」ということで、「六日目」と考えればよいと思われる。〕

(2) ギリシャ語で pepasmos という表現は、リドル/スコット/ジョーンズの希英辞典によれば、『ヒポクラテス著作集』(「流行病」第一巻二節、第三巻四節、十節)とアレタイオス・メディクス(CD. 1. 4)に一度だけしか登場しないものであるが、「痰または尿の成熟」と解されている。ヴレンは、デカルトの砒素中毒のことを示唆する、この語の二義性に気づいていたように思われる。この指摘は、ニュルンベルクのエルランゲン大学哲学研究所テオドール・エーベルト教授の示唆によるものである。〔訳注、ヒポクラテス『古い医術について』(小川政恭訳、岩波文庫)によれば、「煮熟」の訳語が与えられている。病気の初期には、尿・痰・膿が希薄な状態だが、病気が峠を越すと、それらのものが濃いものとなり快方に向かうと考えられていた。〕

(3) 原文では tertio biduo となっている。前注(1)を参照されたい。

❖

ヨハン・ヴァン・ヴレンはデカルトの最期の日々と死に関する書簡を、某ムシュロン博士(ヴァン・ヴレンとピソの共通の友人)に関する長々しい段落で書き始めている。この人物はストックホルムに来て、女王の宮廷に伺候していたのだろう。このような書き出し方は、あたかもそのためだけに書かれたかのように見えるから賢明な方策かもしれぬ。しかし、その後に書かれている衝撃的な内容、しかも専門家以外には隠しておかねばならない事柄について、二人の専門家が了解しあうためとなると話は別だ。

ヴァン・ヴレンは簡潔に、デカルトは、

致命的な胸膜炎で衰弱して

死亡したと断言している。この診断は一見したところ、デカルトは毒殺されたという噂がすでに広まっていたことに対抗するために、女王の侍医が宮廷の指図で書いた公式声明と一致しているように見える。しかし、ヴァン・ヴレンは「肺炎（Pneumonia）」とではなく、「胸膜炎（Peri-pneumonia）」と書いている。もし肺炎が胸膜にも広がったのであれば、現在ならば普通胸膜炎と語られるところだ。とはいえ、ヒポクラテスの著作においては、この述語は一般に「肺炎」のこととされている。もしデカルトが実際にこのような病気で（またはこの病気だけのせいで）死んだのであれば、ヴァン・ヴレンは、このように短く断言することで、友人に言いたいことをすべて語ったことになったはずだ。なぜ、高名な医者が、やはり高名な医者に、普通によく見られる「肺炎」がどのような経過をたどるのかを詳しく語ったのだろうか。

急性砒素中毒になると、呼吸困難に陥り、呼吸麻痺に続いて、死亡に至る。そのために、ヴァン・ヴレンは「胸膜炎」という記述を選んだのだろう。このような毒殺の病状においてはいずれの場合でも肺が関わってくるからだ。

友人に事態の真相を伝えるために、ヴァン・ヴレンは次のような策略を採った。患者の病気の経過を、観察された徴候をすべて挙げながら、詳細に記述するという策である。このようにすれば、専門家は逆推理して、正しい診断ができるが、専門家以外は、実際に何が問題となっているのか感づくこともない。ヴァン・ヴレンが以上のことを行ったことはきわめて明瞭である。即物的に病気の症状を列挙し、しかも意図的に解釈はしていない（あるいは回りくどい解釈を施している）。

病気の最初の二日間、デカルトは深い眠りに陥りました。（中略）この状態にあるとき、彼は食べ物も飲み物も薬も摂りませんでした。

この記述によれば、デカルトは発病後ほぼ四八時間意識がないまま眠っていたことになる。長い睡眠状態は、最初の砒素の投与と一緒に、強力な薬物が投与されたことを意味している。睡眠薬によって、砒素は、比較的長い間、身体にその作用を十分に及ぼすことができる。さもなければ、デカルトは、砒素中毒かもしれないと疑って、適切な処置を始めて、嘔吐剤によって胃から毒物を除去しようとすることができる。しかし、デカルトは、まったく抵抗することができなかったのだ。

したがって、リューマチにかかったと人々は思ったのでした。

リューマチは、四八時間の意識のない睡眠状態で発病したりはせずに、激しい四肢の痛みをともなって発病してくる。どうしてこのような病因を想定できるのだろうか。眠っていて、意識のない病人が症状を訴えることなどできないのだから。発病から何日か経って枕元にやっと呼ばれたヴァン・ヴレンは、だからこそ「彼は」ではなく、「人々は、デカルトがリューマチにかかった、と思った」と記したのだ。にもかかわらず、彼は、病気の記述を、書簡の中できわめて適切に行っている。砒素中毒の典型的な症状には、四肢の痛みおよび筋肉痛が含まれている。そこから、ピソは正しい推理を導き出したはずだ。つまり、デカルトは、砒素が引き起こす中毒の症状に気づかないように、一緒に配合された強力な睡眠薬で眠らされた、という推理である。

最初に投与された毒物で突然の死に至らせるわけには、やはりいかなかった。確実に変死の疑いが生じてきてしまうからだ。

三、四日目は、眠ることもなく、きわめて落ち着きのない状態で、食べ物も薬も摂りませんでした。

デカルトは、四八時間の昏睡から目覚めて、意識がはっきり戻ったのち、吐き気を感じて、バイエによると、熱いオー・ド・ヴィ（生命の水=ブランデー）で吐き気を押さえようとした。吐き気と挙動性不安は、砒素中毒の症状に含まれるものである。だからこそ、デカルトは、それ以上いかなる食べ物も薬も拒絶して、翌日も眠らずに不安な状態で過ごしたのである。

シャニュ大使の強い勧めにもかかわらず、デカルトは、自分は他の人の手を煩わせねばならぬほど、医学に疎いわけではないと言って、医者によるいかなる治療をも拒絶した。彼がやっと五日目に（女王の命令によって）しぶしぶ侍医の往診を迎えたとき、この侍医は少し会話を交わしたのちに、むなしく引き下がらねばならなかった。

先生、フランス人の血を大事にして下さい。

何よりも、デカルトはヴァン・ヴレンから勧められた瀉血を激しく拒絶した。医者の方は、病人とは反対に、このような処置をすることで、病気の経過を良い方に向かわせられると信じていた。当時の支配的な学説にもとづいて、「悪い血」を抜き取ることで病気は身体から取り除かれ、身体組織は抜き取られた量の血液を「良い、新しい血」で補充することができると信じられていたのだ。このような方法で、十九世紀に至っても、多くの病人が生き血を吸い取られて死んでいったのである。

しかし、デカルトの方が物事をよく知っていたし、この点では時代を先駆けていた。というのも、彼にとって、血液とは閉じた系のなかの「動物精気の伝搬体」であって、瀉血によって働きが損なわれるようなものではなかった。今では誰でも知っているが、この正しい考えによって、デカルトは、高名なイギリスの生理学者ウィリアム・ハーヴィ（一五七八―一六五七）の学説と意見を同じにしている。なお、ハーヴィは血液の体循環を発見した人物だが、同時代の生理学者から「循環論者」として激しく罵倒され、反駁されるという目に遭っている。

五、六日目になれば病状が明確になる〔から、待ってほしい〕と求めてきました。

ここで、デカルトは病気の孵化ないし成熟ということでは、ヒポクラテスの学説と意見を同じにしている。というのも、このギリシアの医者は二千年ほど前に、「たいていの病気において分利〔病気が良くなるか悪くなるかの境目〕は六日目以降に来る。分利の間の病気、分利に入り始めた病気に、治療してはならない。なによりも病気の赴くがままにしておくべきである」と述べている。

「人をその意思に反して救う人はその人を殺すのと同じである」と。そして死が目前に迫ってきたことの(中略)紛れもない徴候が現れてきたので、私は死の運命にある病人から喜んで手を引いたのです。

そのとき始まった分利を示す病気の症状から、ヴァン・ヴレンはそれ以上医師として骨を折っても見込みがないことを悟った。だからこそ、死の運命にある病人から「喜んで」手を引いたのである。というのも、彼は病人の意思に反してまでも治療することはできなかったし、しようともしなかったのだから。このようにきわめて「現代的」な医師の観点は、今日の安楽死の議論に寄与できるかもしれない。

五、六日目が過ぎると、眩暈がして、熱があると病人は訴えるようになりました。

今頃になってやっと(!)、高熱が出てきた。熱は、デカルト自身が明言しているように、それまで「ひどい」熱ではなかったのだ。流行性感冒の場合では咳がともなうし、肺炎の場合では激しいものになりがちだが、咳のことは何も触れられていない。（後に主張されるように）デカルトがシャニュ大使から感染したのであれば、鼻水、咳、発熱が最初の徴候となったはずだ。

十七世紀では、熱の有無は、病人自身の主観的な感じ方と医者の診察によって知られていた。当時まだ体温計がなかったからだ。ヴァン・ヴレンは、デカルトの場合、どういう発熱があったのか報告していない。たとえば、「炎症性」発熱とか、「寒気のする」発熱とかいうように区別されるのである。もし病人が「熱い」という感じを持ったら、病人は炎症性発熱に見舞われている。そのかわりに、もし病人が激しい悪寒に苦しんでいたら、病人は寒気のする発熱に見舞われているわけである。ここまでヴァン・ヴレンが語る病気の経過を受け入れれば、病人は悪寒でゾクゾクしていたと想定しなければならない。実際、バイエもやはり（この点に関しては正しく）「体にこもった熱」として語っているが、この熱が「最初に病人の脳」を襲ったというところでは誤った結論を導き出している。これまで見てきたことから分かるように、デカルトは重い病状のためにかなり衰弱していたとしても、いまだにまったく明晰に思考することができたのだ。

経験豊かな医者ならば知っているように、悪寒は、「体にこもった」ないし「寒気のする」発熱の最初の確実な徴候であり、胃腸から出血した際、そしてその結果として起こる悪性の貧血の際には頻繁に見られるものである。言及されている卒倒は以上のことに正確に対応するものである。

そして、こういった卒倒は初めは眩暈から現れてくるものである。

デカルトもこの重い病状が何を意味するか知っていた。そこで瀉血を受け入れることにした。彼はあたかも謝罪するかのように、医者に次のように述べたわけである。《最初は少し熱があっただけでした。しかし、今は高熱があって悪寒がします。瀉血をしなければならないことが分かりました》。そして、デカルトは、瀉血をしてくれるように要求したが、量は自分で決定した。その日のうちに三度。「これは彼の弱った体力を考えると十分なものだ」。その際、瀉血を実施したのは、ヴァン・ヴレンではなく、宮廷の床屋（外科医）だった。

八日目。しゃっくり、黒い唾液の噴出、落ちつきのない呼吸、視線は定まらず、すべて死の前兆である。

これらすべての症状は肺炎には当てはまらないが、砒素中毒には正確に対応するものだ。横隔膜の痙攣、黒い唾液の噴出から生じる、激しいしゃっくりは明確に胃管に疾患があることを示している。黒い唾液の噴出、あるいは嘔吐は、胃からの出血の明白な証拠である。投与された毒物はいまやはっきりと致死性の効果をすべて現した。毒物は、胃の粘膜をひどく刺激し（充血させ）、血管が破れ、溢れ出た赤い血液が胃酸によって黒い塊に凝固し、しゃっくりによって外に出てくるというわけである。

不規則な呼吸——今日医学ではチェーン＝ストークス呼吸と呼ばれている——をともなう神経系統の障害は、砒素中毒の典型的な症状と見なされている。それと結びついているのが、目につきやすい、病人の挙動性不安であり、ヴァン・ヴレンは適切に「視線が定まらない」と記述している。

病人は、胃の内容物を吐いて体から敵を追い出すために、タバコを混ぜたワインを所望してきました。

いまやデカルトは自分の症状について中毒の犠牲者となったと絶対的な確信を持つようになった。だからこそ、敵、つまり毒物を体から抜き取るために嘔吐剤を所望したのだ。しかし、遅すぎた。

私はその間、「葦の陰に隠れて」見守っていました。尿の中に恐ろしいものを見て、私は、老予言者のように、死の前兆を予告したのです。

ヴァン・ヴレンは、ここでよく考えて、その場に適した、古典からの引用句を用いている。「葦の陰に隠れて」見守っていたと。これは意味の上では、「私はこれ以上何も言うまい。というのも私の語り方から、君も、この病気の原因がなんであるのか、私とおなじように知ってるのだから」というのと同じことである。彼は尿を見て死が避けられないことを見て取る。というのも、急性砒素中毒では、血尿が出るのだが、はたしてデカルトの場合も同じだったのだ。

とりわけ、ヴァン・ヴレンが八日目の病気の経過について記述している症状は、間違いなく砒素中毒によるものである。そして、この日に、二回目の致死性の薬物が投与されたに違いない。

無水亜砒酸（As_2O_3、三酸化二砒素）はきわめて有毒で、味も臭いもしない粉末なので、何千年も前から、殺人のために使用されてきた。経口で投与されれば、すばやく吸収される。その場合、毒物反応には人によって違いが見られる。徐々に摂取量を増やしていけば、ある程度習慣性が獲得されるが、砒素に習慣性を持たない成人の場合、経口投与で〇・〇六から〇・三グラムが致死量である。大量に摂取された場合、嘔吐が起こるので、吸収される量は著しく少ないものとなる。だから、このような中毒の場合、かえって生命を取りとめる場合も出てくる。

急性中毒の場合、経口摂取の約三十分後に典型的な症状が現れてくる。患者は喉の渇きを覚え、言語困難および嚥下困難に陥る。ふくらはぎの筋肉の痙攣が生じてくる。尿には血液が混じり、虚脱状態に陥る。服用量が多い場合、精神病理学的な症状も現れてくる。精神錯乱、全身性痙攣、麻痺。そして、たいてい一日か二日以内に呼吸麻痺に続いて死が訪れる。

このような中毒による病状の経過は、バイエの見解を反証するものである。つまり、バイエによれば、デカルトが瀉血を拒んだのは精神錯乱のせいにちがいないが、ヴィヨゲ神父から最後の祝福を受けているときには明晰な知性を保っていた、というのだ。なぜこの見解が誤っているかといえば、中毒の終極期の特徴は、呼吸麻痺による死が訪れる前に、精神錯乱と麻痺が現れるからだ。

九日目になるとすべての面で好ましくない状態になりました。十日目の早朝、病人は、自らの魂を天の神のもとに返しました。

ヴァン・ヴレンは、ここまで、病人がどのように感じているか、目に見える症状で観察できたものは何であったかを、つねに正確に報告してきたが、ここではもはや月並みな確認に甘んじている。なぜここで、さらに言葉を付け加える必要があるだろうか。語られるべきこと、友人に正しい道筋で考える材料となるものは、すでにすべて語られてしまっているのである。

ある神学者が最近彼を無神論者として非難したのが理由ないわけではないと分かるかもしれませんが、たとえそうであっても、彼がその魂を天に返したと思いたいし、そう祈らずにいられないのです。

「ある神学者」ということでヴァン・ヴレンが考えていたのは、アウグスティヌス会神父で、フランス大使館付き礼拝堂司祭のヴィヨゲ以外に誰がいるのだろうか。ヴァン・ヴレンは、犯行の動機、もしかすると実行犯ないし教唆者を暗示しているのだろうか。実際、ヴィヨゲは単なるアウグスティヌス会修道士で大使館付き礼拝堂司祭にとどまる人物ではなく、パリ大学で神学博士号を受けており、教皇から故あって「北方諸国への教皇派遣宣教師」に任命されたほどの人物でもあったのだ。

ヴァン・ヴレンの記述から、彼は、デカルトがかつて無神論者の非難を浴びせられた「ユトレヒト事件」のことをほのめかしているとの結論を出すことは、完全に誤っている。なにしろ、この事件が起こってから七年も過ぎているのだ。ヴァン・ヴレンは、「最近」とはっきり書いているのだ。「七年前」のはずがない。我々は、手紙のうちに書かれてあること（そして行間に読みとられるべきこと）、つまり真理のもとにとどまることにしよう。

彼が、これまで英知に関わってきたすべての人々のために功を成し遂げてきたとすれば、後世の人々が彼にしかるべき敬意を表することは当然のことであると思われます。私としてはこれ以上付け加える言葉を持ちません。

ヴァン・ヴレンが、手紙の最後で、デカルトの「馬鹿げた哲学」に触れていることは驚くべきことではない。デカルトが彼の手助けを断り、自分の病気の治療を一人でやろうとしたとき、彼もまた、永遠の「知ったかぶりの人」によって虚栄心を傷つけられた。確かに、スコラ医学者ヴァン・ヴレンと自由思想家デカルトは住む「世界」が異なっている。とはいえ、ヴァン・ヴレンも病人に対しては終始一貫して正しく振る舞っている。彼が個人的にデカルトの哲学についてどのような見解を持っているかが、その病人への対応を左右したはずがない。しかし、このデカルトになされた犯罪となれば話は違ってくる。だからこそ、ヴァン・ヴレンは、偉大な思想家の最期の日々とその死に関する報告「後世の人々が彼にしかるべき敬意を表する」よう配慮しているのだ。彼はそれ以上言葉を付け加えるべきではないのだ。

大使殿下もまったく同じ病気で床に伏していたにもかかわらず

のちにバイエが主張するように、デカルトが、シャニュのところで、いわゆる「冬の病気」に感染したはずがないことは、すでにヴァン・ヴレンが伝える症状に基づいて証明しておいた。しかしながら、デカルトが自然な死に方をしたことを世間に信じ込ませ、毒殺されたという噂を消し去るためには、もっともらしい説明が必要だった。「肺炎」以上の納得させやすい理由はない。遅くとも、デカルトの病気の八日目、つまり二月九日に、ヴァン・ヴレンは毒が効いていることを確信していたに違いない。そして、砒素、「王の毒薬」を、当時の医者が誰でもそうだったように、彼もまた知っていた。彼は、女王の侍医だったのだから。したがって、彼は、女王に国賓の真の状態について報告することになるだろう。しかし、噂が風のような速さでストックホルムの宮廷と、その町中に広がったことから分かるように、この報告も機密のままではありえない。このような理由で、クリスティーナも、ヴァン・ヴレンが友人のピソに、デカルトの死について何を書いているかを知りたいと思い、手紙を読んだが、二人の医者が、すべての真理はこの書簡の文章にではなく行間に込められていることを、彼らなりの仕方で了解し合っていることに気づかなかった。彼女は（医学の門外漢なら誰でもそうだが）国賓の死に関する公式の説明が、書簡の中で表向き確証されていることを再確認した。つまり、デカルトは、シャニュから感染した肺炎によって死亡した、と。そのため彼女は、オランダ人侍医の書簡を差し止めるまでもないと思ったのだ。

ピソがデカルトの暗殺に気づき、行間に込められた情報を、特別の仕方で感じとれるように、ヴァン・ヴレンは詳細な追伸を付け加えた。明らかに、女王がその書簡を読み、この書簡が第三者の手に渡って、シャニュ大使が「この手紙のせいで不評を蒙ったり」、また「デカルトの敵がこれをもって彼を批判する材料を手にすることがないように」、ヴァン・ヴレンが注意を払わねばならない、という命令を下したあとのことである。しかし、書かれた以上のことがこの書簡の中に実際ないならば、手紙にそもそもそんな力があるはずもない。そして、大使自身、案の定、そのことで煩わしい思いをしないで済むというわけにもいかなかった。何と言っても、恐るべき犯罪が起こったのは、大使の家でだったからだ。

書簡を他の人の目に触れさせてはならないという、友人ヴァン・ヴレンの強い願いをピソは守った。しかしながら、彼流の仕方で、そして密書に相応しい策略を用いてである。彼は、原本を処分した。しかし、先ず写しを作ってからだった。この写しは、彼の所有物の中で、貴重で保存に値すると彼が考えた他の書簡と一緒にまとめられていたが、彼の死後、一六七八年、彼の生まれた町ライデン大学の文庫に収められることとなった。彼は、いつの日か真相が明らかにされるのを期待していたに違いない。しかし、それがやっと三〇〇年もたって、しかも自らの遠い子孫によって実現するとは知る由もなかった。

❖

結論

ヴァン・ヴレンの書簡の中に記された、デカルトの病気の経過が証明しているのは、デカルトが砒素で毒殺されたということである。その際、毒物の投与は二回行われたはずだ。一回目は、致死量に達するものではなく、睡眠薬と一緒に、二月一日の夕方投与された。二回目は、致死量に達するもので、二月九日に投与され、二月十一日の朝四時、死を招いた。

ヴァン・ヴレンが記述している症状が、決して肺炎のものではなく、紛れもなく砒素中毒のそれであることは、オスカー・E・ベリケによる次の記述（『薬物大鑑』、基礎・応用医学出版社、第五版、一九九五年）からも証明される。ヴァン・ヴレンとバイエが記述している症状には傍点を付しておく。

【精神状態】　大きな不安と恐怖。精神状態はひっきりなしに変化する。薬を摂ることを無益と考える。感覚錯誤。悪意。利己的。感覚一般が高揚する。

【頭】　頭痛、特に寒さによって生じる頭痛。不安をともなう定期的に生じる激痛。皮膚が冷たくなって、頭の皮膚が氷のように冷たくなる感じとひどい無気力の感じを伴う偏頭痛。振顫譫《しんせんせん》妄《ぼう》〔手足、頭部などに無意識的に起こる筋肉の無目的規則的な運動とともに、錯覚や幻覚など軽度の意識障害を伴う状態〕。頭の皮膚が耐えられないぐらい痒くなる。たえず動いている頭部。頭の皮膚がきわめて過敏になる。

【目】　激しい流涙を伴う、目の刺すような痛み、眼瞼の赤変。鱗片状・粒状の潰瘍性のかさぶた。目の周囲の浮腫。外側に現れる、痛みを伴う炎症。光の感受性の過敏化。

【耳】　耳の中でガサガサいう感じがして、激しい痛み。うすい、にじみ出てくる、悪臭のする耳垂れ。痛みの発作の際、轟くような耳鳴り。

【鼻】うすい、水のような、にじみ出てくる分泌物。鼻が詰まった感じ。不快感が残るくしゃみ。激しい痛みと出血。鼻の座瘡、狼瘡。

【顔】腫れぼったく、青黄色く、悪液質の（やつれた）印象を与える。汗だらけで、体が冷えている。苦悶の表情。ひきつるような、針で刺すような痛み。焼け付くような痛み。唇は青黒い。痛みを伴い、赤く染まった頬。

【口】出血しやすい歯肉。唇と口腔は乾燥し、激しい熱を伴った潰瘍状態。舌は乾き、シミもなく、赤い。舌に刺すような、焼け付くような痛み。血に染まった唾液。歯神経痛。金属味。激しいげっぷ。

【喉】腫れ、潰瘍が生じ、胸を締め付けられるようで、激しい痛みを伴う。嚥下困難。ジフテリア状の粘膜。乾いて、皺だらけに見える。

【胃】食べ物のにおいがたえられず、見るのもいやになる。激しい乾き。たくさん水分を摂ろうとするが、一度にはほんの少し。吐き気。喉のつかえ。食べたり飲んだりした後の嘔吐。鳩尾《みぞおち》付近の不安感。焼け付くような痛み。酸っぱいものをほしがる。胸やけ。長く続くげっぷ。吐血。血の混じった、胆汁・緑色の粘液・黒茶色の粘液の嘔吐。胃が過度に敏感になる。ほんの少しの食物・飲料によっても生じる胃痛。衰弱、氷のように冷たくなる。はげしい機能不全。

【腹部】　食い込むような、焼け付くような痛み。肝臓と脾臓が肥大し、痛みがある。水腫性の腫脹。
【直腸】　痛みを伴う、痙攣性の膨満。しぶり腹〔痛みを伴う排便・排尿衝動〕。直腸と肛門における痛みと圧迫感。
【糞便】　小口径で、悪臭を放ち、褐色。
【尿】　量が少なく、尿意が激しく、不随意的で、蛋白質・上皮、膿と血が混じり、フィブリンとグロブリンの円筒状の塊を含んでいる。排尿後に腹部に脱力感。腎炎。糖尿。
【気道】　窒息を心配し、横たわることができない。呼吸困難。胸郭の激しい痛み。窒息性のカタル。仰向けで寝た場合の咳。量が少なく、泡だっている痰。肺の上部三分の一における恒常的痛み。呼吸の際の気道雑音の増加。肩の間の痛みを伴う喀血。
【心臓】　心悸亢進、呼吸困難、機能不全。朝における早い脈搏。拡張。チアノーゼ〔血液中の酸素の欠乏によって皮膚や粘膜が青色になる状態〕。首と後頭部に響く狭心症状の心臓痛。
【背中】　仙骨部の機能不全。縮こまった肩。背中における疼痛と激痛。
【手足】　震え、痙攣。足の腫脹。末梢神経の痛み。糖尿病様の喉の渇き。踵《かかと》の潰瘍。下肢の麻痺。

【皮膚】　むずむずする感じ、焼け付くような感じ、むくみ、浮腫、発疹、丘疹。乾いて、ザラザラで、鱗屑《りんせつ》状。痛みと絶え間ない動きを伴うじんま疹。体が氷のように冷たくなる。壊疽《えそ》性の炎症。乾癬。

【睡眠】　睡眠が中断され、不安に満ち、眠りが安らかではなく、頭を枕で高くしておかねばならない。睡眠中の窒息発作。意識混濁。

【発熱】　高熱、無力状態を伴う明確な周期性。敗血症様の間欠的な発熱。明確な体力消耗を伴う、不完全な熱の発作。深夜以降に優勢となる譫言。

8

容疑者と動機

どんな犯罪にも犯人がいるし、犯人には普通、動機がある。もちろん、真犯人が別の実行犯に手を下すように教唆したり、金を払って犯行を依頼することも考えられる。この点では、デカルトの暗殺も、他の暴行事件となんら変わりはない。

そこで、我々としては、容疑者の一人一人を細かに調べて、考えられる動機を探り、二度にわたって誰にも見つからずにデカルトに毒を盛ることのできた人物を探し出すことにしよう。

クリスティーナ、スウェーデン女王

クリスティーナは、フランス大使シャニュの強い勧めで、オランダに亡命していたデカルトを、ストックホルムの「ムーサの宮廷」に招いた。にもかかわらず、クリスティーナはデカルトの哲学に興味を持っていたというより、むしろこの人物の名声で自分を飾りたかったのではないかと推測される。

クリスティーナは、到着まもないデカルトが二十三歳の女王に、「そのようなお歳になってまだギリシア語を学んでいて恥ずかしくないのですか」と信じられないほど不作法な質問をしたとき、驚愕したばかりか、虚栄心を深く傷つけられたのである。クリスティーナは、先ず最初はデカルトを歓迎せず、バレーの脚本の作成と、彼女が設立をもくろんでいた科学アカデミーの規約の起草を依頼するという彼女流の報復手段をとった。

この一例から示されるように、デカルトはそれほど社交面で如才ない人物ではなかった。とはいえ、彼の無遠慮な言葉だけで、デカルトを暗殺する十分な動機が生まれてくるわけではない。年金の削減、いやそれどころか、宮廷からの追放は考えられても、招待客を殺すことなどは考えられることではない。

いずれにせよ、クリスティーナがデカルトの死んだことに良心のとがめを感じていなかったことは、彼女の伝記から予想できる。のちに、かつての寵臣モナルデスコ伯爵が自分にとって政治的に危険な人物になる懸念を感じたとき、彼女は造作もなくモナルデスコを暗殺させたこともある。それに加えて、ヴァニーニ師が、ローマの劇場に雇われていた女性歌手アンジェリーナ・ジェオルジニの寝室に無理矢理入り込み、その後逃走した際には、クリスティーナは、密偵の一人にその変質者を殺害するように依頼したこともあったのだ。

ところで、カトリックに改宗しようということは、一六四九年の時点ではまだ心の奥に隠された秘密であった。やっと、一六五一年八月二日、彼女はイエズス会神父アントニオ・マチェドに、ルター教会を離れる意図があることを打ち明けた。ローマ法王庁はさっそく反応し、二人の自然科学の教授をストックホルムに送り込んできた。一人は、フランチェスコ・マリネス、もう一人はパオロ・カサティ。この二人はのちにイエズス会士であることが分かった。このイエズス会士達は最後にはクリスティーナの敵となる。まもなく彼らはクリスティーナの改宗の真の理由に気づく。王宮の職務という束縛から逃れ、彼女の回りにいる「野蛮人」を見捨てて、ローマで南国の太陽の下で生きるためだったのだ。一六五四年、クリスティーナがローマに旅立つ少し前、女王に関する秘密の報告の中で次のように報じられている。彼女の評判は悪く、神も宗教も認めず、説教者をそばに寄せ付けず、無神論的な話をしている、と。これは誹謗中傷だったのだろうか？

ともかく、プロテスタントの大国の女王が改宗するというのに、ローマ法王庁がこの勝利の機会を見逃すはずはない。一六五四年二月十一日、ちょうどデカルトの三回目の命日に、クリスティーナは帝国国会に退位する意図を表明した。一六五四年六月六日、彼女は王冠を脱ぎ、彼女のいとこでかつての婚約者カール十世グスタフに譲位した。彼女の公式の改宗はインスブルックで一六五五年十一月三日になされた。そして十二月二十日、教皇が壮麗な仕方で彼女を迎え入れたのである。そのローマで、彼女は一六八九年四月十九日火曜日に、六十二歳と四ヶ月十一日の生を終えた。彼女の最後の憩いの場所はサン・ピエトロ大聖堂だった。

クリスティーナは、一六五〇年、「自分の師」デカルトの死を知らされたとき、突如として涙にくれたとされているが、これはありそうにもないことだ。デカルトは、彼女の側にいたわけでもないし、彼女はその哲学にさほど興味を持っていなかった。デカルトはそもそも「彼女の師」でもなかったのだ。彼女が、オランダ人の侍医ヴァン・ヴレンをデカルトの病床に派遣したのも、彼女自身が命じたことではなく、シャニュが医師の派遣を願い出て、クリスティーナの方はシャニュに親近感を感じていたから実現したことだ。もっとも、彼女の賓客が目の届くところで暗殺されたのだから、その客が毒を盛られたとの知らせとその死に動揺したことは十分考えられることだが。

彼女が一六六七年に回想録の中で、デカルトはシャニュとともに彼女に「最初の啓蒙」を施し、「我々の名誉ある改宗に大いに貢献した」と書いた理由は謎である。デカルトが、フラインスハイムのいるところで、女王と四、五回しか会話を交わさなかったことを考えた場合、彼女の主張はまったく理屈に合わないものに思われる。彼女は、遅まきながら哲学者の名誉を回復することでローマ教会に仕返ししようとしたのか（というのも、ローマ教会は一六六三年デカルトの著作を「禁書目録」に含めたからだ）、もしくは教会ないし教会の支持者の一人が、自由思想家の殺害に関わりを持ったという疑惑を退けたい気持ちがあったためなのだろうか？もちろん、我々に分かるところではない。とにかく、彼女がデカルトを殺害せよ、という指図を出したことはありそうにもないことである。

ピエール＝エクトール・シャニュ、フランス大使

デカルトは、一六四四年フランスで義兄弟のクロード・ド・クレルスリエを訪れたとき、この感覚鋭敏で教養のある人物に、偶然に出会った。クレルスリエは、当時デカルトの『省察』の新しいフランス語訳に携わっており、後にはデカルトの遺品を管理することにもなった人物だ。同国人デカルトの燦然たる知性に魅惑されて、シャニュは、一六四五年ストックホルムのフランス大使館員に任命されたのち、デカルトをストックホルムの宮廷に招くことに全力を尽くしたのである。

よりにもよって、驚嘆すべき哲学者をストックホルムに招こうというシャニュの熱意が、デカルトの命取りになったのは、悲劇的な偶然のなせるわざである。シャニュの場合も、客人を自宅で殺さねばならぬ動機はない。デカルトの病状を心配したからこそ、彼は女王に頼んで、女王の命令でオランダ人の侍医を瀕死の患者の枕元に赴かせる手はずを整えたのだ。

デカルトは毒を盛られたかもしれないというヴァン・ヴレンの疑いを、シャニュは知っていたに違いない。シャニュが直接ヴァン・ヴレンから教えられたか、または女王から秘密を打ち明けられたかのいずれかだろうが。なぜならば、そうすることで初めて次のシャニュの言葉が理解で

きるからだ。「生の潔白をもって、妬み人の中傷を償えり」。そして、宮廷にいる人は誰でも、デカルトを妬む公然たる敵が、文献学者であるのを知っていたのだ。デカルトは、最初の拝謁の際に文献学者を人前で嘲笑していたのである。シャニュはそれ以上のことは知らずに、ストックホルムのほかの多数の人々と同じように、次の噂を信じた。つまり、自分の友人の公然たる敵が殺害の依頼人に違いないという噂をである。他に誰がいるというのか？

ヨハン・ヴァン・ヴレン、オランダ人侍医

医者が人殺しをするものだろうか？実際、犯罪史の中にはそういった事件もないではない。しかし、ヴァン・ヴレンにどんな動機があったのか。たしかに彼は、デカルトの考えに賛成していなかったが、しかし、そのことはデカルトを殺害する十分な理由にはならない。ヴァン・ヴレンが一六五〇年二月六日に初めてデカルトを往診した際に、デカルトから拒絶され、彼の自尊心と名誉が傷つけられたわけだが、デカルトはその五日前に毒物の投与を受けていたのだ。

ヴァン・ヴレンが二月九日に再びデカルトを往診したとき、既に第二番目の、命取りになる毒物の投与の兆候が現れていた。デカルトは、自分の病状の本当の原因を知っていた。デカルトが、治療法に関して、医者の見解と意見が分かれたという事実を別にしても、デカルトはヴァン・ヴ

レンを疑っていたし、もしかすると、ヴァン・ヴレンを犯人と考えていたのかもしれない。だから、デカルトはヴァン・ヴレンに「二度と会いたくなかった」し、「一度だけ顔を合わせる我慢をした」のだろう。デカルトは、誰かに毒物を投与されたことも知っていたのだ。では、デカルトは誰を信頼すべきだったのか。

人生の終わりに近づいて、デカルトは自分の口で、「自分の病気の性質と種類について理にかなったことを述べた」とヴァン・ヴレンは書き、その上「と言われている」と付け加えている。デカルトは、死の直前に、誰かに毒を盛られたことをはっきりと語ることができたのだろうか? 医者が自分で聞いたはずもない。というのも、ヴァン・ヴレンはデカルトの臨終の際そばにいなかったし、自分に伝えられたことを報告しているにすぎないからだ。

ヴァン・ヴレンは書簡の中で、自分が観察した患者の病状を詳述することで、友人のピソに殺人の疑惑を伝えているわけだが、この書簡自体、彼が隠すべきことを持っていなかったことの明確な証拠となる。いやまったく逆だ。彼は隠すべきことを持っていなかったが故に、デカルトの死の真相を伝えようとしたのだ。というのも、ヴァン・ヴレンは報告を通して、「後世の人々が彼にしかるべき敬意を表する」ように配慮しているのだから。それも、あらゆるデカルト批判の声をものともせず、しかもこの気むずかしい哲学者が自分の治療を拒絶したときに受けた侮辱にもかかわらずそうしているほどなのだから。

宮廷の文献学者たち

彼らはデカルトから衆目の前で非難され、デカルトの公然たる敵となった。文献学者たちは、明敏なる思想家を嫌悪し、畏れ、そしてそのことを隠し立てもしなかった。図書館の司書・帝国歴史官であったフラインスハイムだけは、徒党を組んだ文献学者たちの陰謀からデカルトを守ろうとした。文献学者たちは、この敵対者を「消す」動機を十分持っていたのだ。しかし、彼に気づかれないように毒を盛る機会はあったのだろうか。

デカルトは、彼自身が一六五〇年一月十五日に子爵ド・ブレジ宛の手紙で書いているように、一月のはじめからフランス大使館を離れることはなかった。この年の冬は厳しく、二月二日まで女王への拝謁に参上したとは考えられない。女王を除いて、デカルトが訪問すべき人物はいたのだろうか。いるはずもない。そうすると、二番目の毒物が大使館内で投与されたのは確実だが、最初の毒物も大使館の中で投与されたはずである。

噂の通り、犯人が文献学者たちだったとすれば、大使館のなかにおあつらえ向きの内通者がいたはずだ。そして、この内通者は料理人か、デカルトの召使いシュリューターであった可能性がある。シュリューターについては、主人に忠実で献身的であったと伝えられている。しかし、すべての痕跡の隠滅が謀られた殺人事件の場合、それはどういう意味をもつだろうか。デカルトが毒殺されたという噂を消し去ることができなかった以上、犯人は誰なのかという憶測が飛び交うことになる。その哲学者の公然たる敵に嫌疑をかけることより思いつきやすいことがあるだろうか？それ以外に、デカルトを殺害する理由を持っている人物がいただろうか？他の人物を考えることはできない、そして当時においても、他の人物はおそらく考えられなかっただろう……。

フランソワ・ヴィヨゲ、フランス大使館礼拝堂付き司祭

既に述べたことだが、このアウグスティヌス会修道士は「北方諸国への教皇派遣宣教師」として、女王を〈至福を与える、唯一の教会〉の懐に引き戻す任務をヴァチカンから委任されていた。彼以上に打ってつけの人物は見あたらなかった。というのも、ヴィヨゲはストックホルム在住のフランス人を介さないで女王に直接拝謁することができたからだ。ローマでは、一六四九年の末にスウェーデンのフランス大使に任命されたシャニュが、クリスティーナから特別に信頼されているとの報がもたらされた。このような好機を逃すはずもない。

ヴィヨゲ神父は、一六四九年十月、自由思想家デカルトが女王に現代の哲学を教授するためにストックホルムにやってきたとき、どんな考えを巡らせたのだろうか？　彼は、ことのほかシャニュに賞賛され、庇護されているその人物によって、彼のこれまでの宣教師としての努力が無駄になると心配しなかったはずがあるだろうか？

ヴィヨゲの心配は、当たっていた。十二月に、シャニュ夫人と、彼女の十代半ばの子供たちを教化するために、宵の語らいの際「神と世界について」デカルトと詳しく論じ合う機会があった。その時、シャニュは大使の辞令を受け取るため、フランスに戻っていたのである。その折、ヴィヨゲはデカルトの「危険な哲学」を詳しく知ることができた。ユトレヒト事件以来、デカルトは公式に神学・自然科学の議論をする際には用心に用心を重ねてきたのに、この私的な会話のときには「無邪気に」用心しないでいた。ヴィヨゲは利口だったので、敵対者の燦然たる知性の方が優れていることに気づき、デカルトの議論に対しては、教会が相も変わらず主張している一般的教義しか呈示できなかった。ヴァン・ヴレンの書簡において、「最近彼を無神論者として非難したのが理由ないわけではない」とされる「ある神学者」とは、ソルボンヌで神学博士号を獲得したこのヴィヨゲのことであったのかもしれない。まさか、神父がデカルトの友人の一人だったはずはないからだ。

ヴィヨゲは、デカルトと一緒に、同じ屋根の下に住み、いつでも誰に妨げられることなく会うことのできた、数少ない人物の一人である。それに加えて、彼にはこの「異端者」を片づけたいという強い動機を持っていた。女王をカトリックに改宗させるという秘密の任務にとってデカルトが邪魔になるかもしれないと、この宣教師は信じていたに違いない。宿命的な誤解であった！というのも、クリスティーナを「正しい信仰」に立ち戻らせる必要などなかったのだ。彼女は、この時すでに、王冠を脱ぎ、カトリックに改宗する決心がついていたのだ。とはいえ、信仰心のためではなく、まったく個人的な目的と利害からではあったのだが。

ヴィヨゲは、自分の肩書きに見合った働きを示そうとしてせっぱ詰まっていた。狂信者であれば、「目的は手段を正当化する」というモットーを携えて、目的のために殺人でさえ尻込みしないのだろうか？我々には推測しかできない。

いずれにしても驚くべきなのは、バイエが一六九一年のデカルト伝で、この有能なる神父に、あとになってからアリバイを与えていることだ。だが、このアリバイは、報告されている同時代の原資料をいくら探しても、まったく裏付けがとれないものである。つまり、デカルトが死ぬ間際、ヴィヨゲ神父が呼ばれたが、ヴィヨゲ神父は「同じ晩に宣教の旅から戻ったばかりだった」というアリバイである。なぜことさら、デカルトが病気の間、事実はともかくとして、聖職者が不在であったことを強調したのだろうか。デカルトの最期を記す際には、こういった記述はほとんど意味を持たない。ただし、バイエに、「デカルトの殺害者はヴィョゲであった」という、後で広がるかもしれない噂に対抗する意図があったのなら話は別である。当時でさえ、本当の動機、犯人、犯罪を遂行することで得られる様々な利益について、当然のことながら考えを及ぼし論理的結論に到達していた人はいたはずである。

もしバイエの述べるアリバイが虚偽のものであれば、ヴィョゲが殺人者であることは疑いないこととなる。そして、もしヴィョゲが実際に二月一日から十日までストックホルムにいなくて、宣教の旅に出ていたとしても、大使館の料理人か召使いに殺人を任せていたのかもしれない。そうすれば、彼は旅に出ているということで、絶対確かなアリバイを手にすることができるのだ。死の前日の夜も、デカルトはもはや敵から身を守ることもできず、シャニュに向かって「眼の語る言葉で」のみ意思を伝えることができただけだったのである。

死にゆく者は、死の直前、意識がはっきりした瞬間を迎え、自分の考えを述べることができるようになる場合が少なくない。デカルトの場合でもそうだったとすれば、最近自分を無神論者と責め、いまや突然、自分のベッドのそばに現れた人物に何を言っただろうか。誰が自分を殺そうとした人物なのか、突如として思い至ったに違いない。そう考えれば、ヴァン・ヴレンの次の言葉は全く別の意味を帯びてくる。「今や彼は知性に導かれるようになり、人生の終わりに近づいて自分の病気の性質と種類について理にかなったことを述べた、と言われている」。

たとえ、デカルトの意識がはっきりした時にシャニュが立ち会って、デカルトの口からはっきり犯人の名前が語られるのを聞いたとしても、シャニュならば、死にゆく者の精神錯乱のせいにして、有能なる、礼拝堂付き司祭が犯罪に関わっていたなどとは信じなかったであろう。たぶんシャニュは、このローマから送り込まれた人物の秘密の任務が何であったかも知らなかったのだから。

❖

デカルト殺人事件の証拠調べはこれで完了である。いまや法医学者が最後の決着をつける仕事を残すのみである。法医学者は、今パリに保管されている頭蓋骨が確実にデカルトのものか、砒素の痕跡が残っているかを、証明することができる。そして、その頭蓋骨と、サン゠ジェルマン゠デ゠プレ教会に埋葬されている遺骨が、同一人物のものか、そうでないかを遺伝子の比較によって確定することができる。もちろん、遺骨が取り替えられることなくそのままに残されているならば、という条件はつくが。このような調査が今まで差し止められてきたことの背景には、いかなる利害が、そしていかなる影響力のある人物が隠れているのだろうか。

一九六五年、サン・ピエトロ聖堂に収められているクリスティーナの遺骸が調査され、医者からなる専門委員会が調査を任された。この場合、隠すべきことは何もない。専門家は、最終的に「センセーショナルな」結論に到達した。彼女は本当に女性だったという結論にである。というのも、多くの点で「遺骸は典型的に女性の特徴を示しており、このことは（中略）性別に関して特に重要となってくる骨盤にも当てはまった」からである。それに付け加えて、当時の医師は彼女を女性と判定したし、「彼女が毎月出血していた可能性はきわめて高い」ことも文書に残されている。彼女が半陰陽であったという噂を最終的に取り除けたことは、世界史の上できわめて意義深い認識なのだ。それどころか、一六八九年に作成され、今でもウィーン国立公文書館とヴァチカンに保管されている検死解剖記録には、「外性器の異常」を何ら認めることはできない、と書かれている。

デカルトの殺人事件の場合は事情が異なる。あらゆる時代を通してもっとも重要な思想家の一人に起こった、ほぼ三五〇年前の犯罪を解明することが問題なのだ。彼は、その哲学と認識によって世界を根本から変更し、教会の教義の基礎を揺るがせた。だからこそ、彼の著作は死の十三年後に「禁書目録」に含められたわけだ。デカルトの死を巡る文書・証拠ははっきりと毒物による殺人を物語っている。この疑惑は、国際的な専門家集団が科学的調査を行い、そして今日法医学で用いられている方法を用いれば、容易に解明することができる。あるいは、デカルトが実際に殺人事件の犠牲になったことの確証を得ることができる。

9

証明

——法医学的調査

我々は真理に手が届くところまでやってきた。というのも、法医学的な調査ならば、より確実な証拠を提出することができるからだ。そのために、まず最初に、サン＝ジェルマン＝デ＝プレ教会にあるデカルトの墓（といわれるもの？）を開ける必要はない。というのも、（たぶん真正の）デカルトの頭蓋骨はパリの人類博物館の人類学文庫の段ボールの箱のなかに収められており、造作なく眼にすることができる状態にあるからだ。

(1) パリにある頭蓋骨の真正さの証明

最初になされるべき法医学的な証明は、パリにあるデカルトの頭蓋骨が本物かどうか調査することだろう。

今日、裁判官はこのような課題を、特別な科学的研究所に委託している。というのも、人間の骸骨は、偶然ないし捜査の過程で、本来あるべきではないところに見出されることが多いからだ。数年前になってやっと、キール大学の法医学研究所は、医学博士オスカー・グリューナー教授のもとで、写真を使った方法（ビデオ投影法）を、頭蓋骨の同定のために使用できるようにした。この方法は、比較的最近の多くの犯罪事件ばかりでなく、頭蓋骨を歴史的に再構成する場合にもきわめて有効であることがわかり、そして驚くべき成果を生みだしている。以前グリューナーの助手で、現在ボン大学で実験法医学研究所の所長を務める医学博士R・ヘルマー教授はこの方法をさらに発展させ、頭蓋骨を正確に計測し、コンピュータに蓄積された数多くの比較データ、三次元的な投影法、変更が自由にできる再構成法によって、死者の頭蓋骨を実際再び「肉」のついた状態に復元できるようにした。そして、最終的には、かつて生きていた当時の人間の「本当の姿」が現れてくる。

このような再構成法によって、パリに保存されているデカルトの頭蓋骨をもとにして、ポートレートを作ることができる。そしてこのポートレートは、デカルトの死の直前にデカルトの肖像画を描いたフランス・ハルスとダヴィッド・ベックの絵との比較に耐えるものか、さもなくば何ら似ていないもの、になるはずである。再構成することで、頭蓋骨の真正さが確かめられれば、その後の証明の手順は比較的簡単である。

(2) 砒素分析

砒素（As）は、自然には様々な化合体で見いだされる化学元素である。無水亜砒酸（As_2O_3、三酸化二砒素）は、砒素を含む鉱物を加熱し、昇華させることで手にはいる。金属の砒素の方は、既に一二五〇年頃アルベルトゥス・マグヌスが作り出している。無味無臭で毒性の高い無水亜砒酸は中世において愛用された「王の毒」であった。王たちは、亜砒酸で毒殺される恐れのために、自ら微量の砒素を服用し、徐々に増やしていくことで、いわゆる「砒素食い」になって免疫を身につけようとしたほどである。もっとも、「砒素食い」になる前に砒素中毒で死んでしまうことも少なくなかったのだが。

やっと十九世紀になって、イギリスの化学者J・マーシュ（一七九〇－一八四六）が適切な方法を見いだして以来、砒素中毒を実験によって検証することができるようになった。骨の細片を灰化することで、マーシュの装置があれば、いわゆる砒素鏡反応によって、〇・〇一ミリグラムまで正確に砒素の含有を調べることができる。現在では、原子吸収法によって、一ppb（一億分の一）まで調べることができる。

地中に長く置かれていた頭蓋骨は、土にも砒素が含まれている可能性があるため、比較のために土壌をも調査する必要のあることを、法医学者は指摘している。というのも、死体が腐敗する際に生じるアンモニアによって、土中の砒素も死体に付着し、そこに蓄積するからである。

とはいえ、すでにキュヴィエが一八二五年に確認したように、デカルトの頭蓋骨は土に触れたことがなく（頭蓋骨は、一六六六年に最初に発掘されるまでストックホルムの孤児霊園の、回りを壁で囲まれた墓穴に収められていた）、微量の砒素があるだけでも、デカルトが砒素による暗殺の犠牲となったことを示すものとなる。

頭蓋骨が本当にデカルトのものかを証明した上で砒素の含有を調べれば、デカルトが暗殺されたのかどうかについての疑惑に終止符を打つのに十分なものとなるであろう。

(3) 遺伝子分析

ここでさらに、頭蓋骨が、今日サン＝ジェルマン＝デ＝プレ教会に埋葬されている遺骨の残りと一致するかどうか、つまり、同一人物のものかどうかを確認しようとすれば、棺を開けねばならない。

やっと一九九六年、ロシアとアメリカの遺伝子研究者が、一九一七年に殺害され一九九一年七月にエカテリンブルクで再発見されたロシア皇帝一家の遺骨の残りを、亡くなった親族や今も生きている親族と比較することによって、本物と同定することができた。

デカルトの頭蓋骨と、パリにある棺の内容に関して、ＤＮＡ（デオキシリボ核酸）からなる遺伝子の比較によって、偉大なる哲学者の死をめぐる謎と、彼の本物の遺体ないしそう称されているにすぎない遺体をめぐる最後の謎も解明されるであろう。今日まで、人類博物館の書庫の段ボール箱に保管されている頭蓋骨も、残りの遺体と一緒になって、しかるべき安らぎの場所を見つけられるかもしれない。それこそ、この偉大な哲学者に相応しいことである。

エピローグ

終わりなきデカルト

私が一九八三年に最初の短い専門論文で、ヴァン・ヴレンの手紙に注意を促して以来、しかし特にウルリヒ・ハルベッケ教授とともに撮影したデカルト殺人事件の記録映画が一九八五年、ドイツやオーストリアの多くのテレビ局から放映されて以来、デカルトの事件は、多くの関心を集めるようになった。歴史家と医師は、批判よりは同意するところの多い手紙・葉書を山のように送ってきた。そして、ジャーナリズムも私の調査について報告してくれた。

残念ながら、メディアが関心を持った期間が短かったためなのか、フランスでこの記録映画が放映されることもなかったし、人類博物館の上層部は、そこに所蔵されているデカルトの頭蓋骨を国際的に組織された専門家チームによる法医学的な調査に委ねようともしなかった。私のパリへの手紙はいまでも返答をもらえないままである。

にもかかわらず、このような科学的調査がいつか行われ、直接参加はできないとしても、少なくともその結果を教えてもらえるだろうという希望を捨てていないので、私としては、のちに本としてまとめるために、まず「デカルト調書」をまとめたわけである。この本はちょうどデカルトの生誕四〇〇周年の機会に出されたものである。しかしながら、いまだに法医学的な調査の結果は記されていない。この度、新しく出版されたこの本が、ついにパリでも耳目を集めるものとなり、頭蓋骨の調査を承認するようになることが望まれる。

ルネ・デカルト生誕400周年にちなんだフランスの切手

私が一九八五年以来「レーマン医学出版」の依頼によって、数多くのドイツの大学で行ってきたデカルト講演の際には、大きな学問的関心がいつもこの事件に寄せられてきたし、私の証明方法に疑問・批判が向けられることはなかった。このように認めてもらうことで、私は「デカルト殺人事件」をさらに追求する確信と勇気を得ることができた。

ここで、私の講演活動の結果起こった出来事について触れないでおくわけにはいかない。私が、一九八六年ハンブルク大学で事件について論じているとき、聴衆の中に、フールスビュッテル刑務所の司法官がいた。彼は感動したようで、この事件に夢中になり、一九八三年の私の最初の論文と、一九八四年の私の記録映画のシナリオを西部ドイツ放送から入手した。彼は一語一句書き写し、ハンブルクの企業顧問に、ひとえにこれを出版するためだけに出版社を作ることを納得させることに成功した。この本は、一九八九年『ルネ・デカルト殺人事件』のタイトルで出版されたが、私の指摘に基づき、司法の命令によってさっそく市場から回収された。司法官は寛大な処罰を受けただけだったが、できたばかりの出版業者は莫大な損害を被り、出版社を閉じなければならなくなった。

再発を防ぐために、そして私がこの調査についての元祖であることを記録に残すために、一九九一年五六頁の出版物を五〇〇部印刷してもらい、講演会の際に配布した。

謝辞

珍しい文献と図像資料を調達していただいた方、長々しい議論に加わっていただいた方、情報を提供してくれた方、スウェーデン語で書かれた専門論文を翻訳してくれた方、私がこれまでデカルトに関して著した著作を出版の面で配慮し、普及に手伝っていただいた方に、この場所で感謝の気持ちを述べなければならない、いや、述べずにはいられない。

医学博士ブルーノ・ブレメルツ
　ヴッパータールの外科医
エッケハルト・ブロックハウス
　ゾーリンゲンの出版業者
法学博士ギュンター・ブロックマン
　ケルンの出版業者

医学博士オスカー・グリューナー教授
　キール大学一般法医学、元法医学一科長
ウルリヒ・ギュントナー
　デュッセルドルフのジャーナリスト
マンフレート・ハーン
　「レーマン医学出版」の社長、ハイデルベルク
哲学博士ウルリヒ・ハルベッケ
　ケルンのテレビジャーナリスト
アンナ・ヨハンソン
　デュッセルドルフの翻訳者
アンドレアス・デ・クライネ
　ヴッパータールのジャーナリスト
医学博士ヴォルフラム・コック教授
　医学誌博物館長、スウェーデン、ストックホルム
医学博士H・ルデス教授

ヴッパータール、元聖アントニウス病院第一診療科長
P・F・J・オッベマ博士
ライデンのレイク大学図書館西洋写本管理責任者、オランダ
哲学博士カール＝ハインツ・プリディク
教会大学教員、ヴッパータール
ラビヌ氏
デカルト生家、ラ・エ（デカルト）、フランス
医学博士ハンス・シャーデヴァルト
元デュッセルドルフ大学医学史研究所長
ウーテ・シャルマン
ヴッパータール市立図書館長
理学博士ヘルマン・シュット
ヴッパータールの化学者
医学博士M・シュタ－ク教授
ケルン大学法医学研究所長

理学博士アドルフ・シュタッフェ

レーファークーゼンの化学者

特に、我が愛する妻、医学博士イングヴィルト・ノイファング＝ピースに感謝したい。彼女はいつも私の話に忍耐強く耳を傾け、数多くの問題について私と議論してくれた。

年表

一五九六　ルネ・デカルトは三月三十一日日曜日、トゥレーヌのラ・エに、法律家ジョアシャン・デカルトとその妻ジャンヌ・ブロシャール（旧姓）の第三子として、生まれる。四月三日に、サン・ジョルジュ教会でカトリックの洗礼を受ける。

一五九七　ジャンヌ・デカルト・ブロシャール（旧姓）、つまりルネの母親が逝去。

一六〇四〜一二　デカルト、アンジューのラ・フレーシュにあって、イエズス会によって運営される王立学院に通う。

一六〇九　ヨハン・ヴァン・ヴレン（ウレニウス）が、リュトゲンドルトムントに、かつてはカトリックで、ルター派に改宗した牧師の息子として生まれる。ヴレンはライデンで医学を学び、アムステルダムで医師を開業したが、一六四五年以降女王クリスティーナの侍医の一人として、ストックホルムの宮廷に招かれる。

一六一〇　六月四日、ルネ・デカルト少年は、国王アンリ四世の心臓が、王立学院のイエズス会教会に埋葬される儀式に参加する。

一六一一　ヴィレム・ピース（ピソ）がオランダのライデンに生まれる。彼はのちに医学を学び、一六三七年、ブラジルのナッサウ＝ジーゲン公ヨハン・モーリッツ伯爵、後に侯爵の侍医に任命される。一六四四年、侯爵とともにオランダに戻り、アムステルダムで開業医を営み、熱帯医学に関する二つの基本文献を著す。アムステルダムの医学校の監督・学部長となり、一六五〇年、学友であるヨハン・ヴァン・ヴレンから、デカルトの病気と死に関する医師報告書を受け取る。ピソは一六七八年に亡くなり、アムステルダムのヴェステル教会で、画家レンブラントの隣に埋葬された。

一六一六　「貴族」ルネ・デカルトは十一月九日、十日にポワティエの法学部でバカロレアと法学修士号を与えられる。

一六一八　三十年戦争勃発。

一六一八〜一九　デカルトは、アルシャンジェの大叔母から、ポワトゥーのル・ペロンにある小さな領地を相続し、時には「ル・ペロンの人」と名乗るようになる。オランダで軍事訓練。デカルトは、最初の著作『音楽提要』を著す。刊行は、やっと一六五〇年にユトレヒトでなされる。物理学者イサーク・ベークマンとの交友が始まる。

一六一九　四〜七月、コペンハーゲン、ダンツィヒ、ポーランド、ハンガリー、オーストリア、ボヘミアに旅行する。七〜九月、皇帝フェルディナンド二世の戴冠式のためにフランクフルトに滞在。

一六一九〜二〇　デカルトはウルムに滞在する。数学者で薔薇十字会員ヨハン・ファウルハーバーと接触する。

一六二〇 デカルトは、志願兵として、バイエルンの侯爵の軍隊に加わる。

一六二二 四月、レンヌに、五月にはポワトゥーに、冬にはパリに滞在する。

一六二三 デカルト、親類の遺産を整理するために、イタリアに旅行する。

一六二四 デカルト、昇天祝日にベネチアに滞在、秋にはローマに滞在する。トスカナ地方を横切ってピエモンテに旅行する。モンスニ峠を越えてフランスに帰る。

一六二五〜二八 デカルト、ほとんどパリに滞在する。詩人ゲス・ド・バルザックとの交友。

一六二六 クリスティーナ、十二月八日火曜日、スウェーデン国王グスタフ二世アドルフとその夫人ブランデンブルクのマリア・エレオノーラの第三子（クリスティーナだけが生き延びる）として、ストックホルムに生まれる。

一六二七 十二月四日、クリスティーナはスウェーデンの王位継承王女として、議会から承認される。

一六二八 デカルト、オランダに移住する。カトリックの医学教授コルネリウス・ヴァン・ホーゲランドと友人になり、著名なオランダの学者たちと出会う。

一六三二 デカルト、オラニエ公王子の秘書であったコンスタンテイン・ホイヘンスと知り合う。十一月六日、スウェーデン国王グスタフ二世アドルフ、リュッツェンにて戦死。

一六三三 教会によってガリレオが有罪判決を受け、デカルトは大きな不安に襲われる。

一六三五 デカルトの娘フランシーヌ（母はヘレナ・ヤンス）が七月二十九日にデーフェンター

一六三七　で洗礼を受ける。

一六四〇　神学者ヨハン・マティエがクリスティーナの教師に定められる。
　デカルトの『方法序説』がライデンで出版される。

一六四一　デカルトの娘フランシーヌが死去。
　デカルトの『省察』がパリで刊行される（一六四二年にはアムステルダムでも出版される）。

一六四二　デカルトの「R・D・ディネへの書簡」がアムステルダムで出版される。

一六四三　デカルトの「著名なるギスベルトゥス・ヴェティウム氏への書簡」がアムステルダムで出版される。

一六四四　オランダ移住後初めてフランスに旅行する。フランスの外交官ピエール・シャニュと知り合い、シュニュのおかげでのちの一六四九年、デカルトはストックホルムの宮廷に招かれることになる。アムステルダムでデカルトの『哲学原理』が出版される。

一六四七　十二月七日、スウェーデンのクリスティーナ、成年に達したことが宣言される。
　デカルト、二度目のフランスへの旅行。弟子のヘンリクス・レギウスがデカルトの哲学と関係を絶つ。スウェーデン女王クリスティーナと、ストックホルム駐在フランス大使シャニュの仲立ちで往復書簡を交わし始める。

一六四八　デカルトの三回目のフランスへの旅行。
　ミュンスター和平協約によって三十年戦争終結。

一六四九
デカルトの『情念論』がパリで出版される。オランダの画家フランス・ハルスがデカルトの肖像画を描く。
二月にデカルトはスウェーデン宮廷への最初の招聘を受ける。九月一日彼はエグモントを離れ、九月五日ストックホルム行きの船に乗船し、十月の最初にストックホルムに足を踏み入れる。クリスティーナの要請で、十二月八日の女王の誕生日の機会に上演されることになっていた『平和の誕生』というバレーの台本を書く。

一六五〇
スウェーデンのクリスティーナのいとこで婚約者でもある、プファルツ公カール・グスタフが、三月に議会からクリスティーナの後継者候補として承認される。

オランダの芸術家でストックホルムの宮廷画家でもあったダヴィッド・ベックがデカルトの肖像画を描く。デカルトは二月二日に発病し、二月十一日金曜日、朝の四時フランス大使館で死去。遺体は十三日、ストックホルムの孤児霊園に埋葬される。五月にピエール・シャニュは墓の上に墓標を建てさせ、そこに暗示的な言葉「生の潔白をもって、妬み人の中傷を償えり」を記させる。

宮廷とストックホルムの町には、女王の賓客が嫉妬深い文献学者たちによって毒殺された、という噂が広がる。

オランダ人で女王クリスティーナの侍医であったヨハン・ヴァン・ヴレンがアムステルダムにいたかつての学友ヴィレム・ピース（ピソ）に二月十一日の日付のある密書を送り、デカルトの最期の日々と死について記す。

一六五一　四月七日、クリスティーナが、初めて退位を公表する。八月二日、イエズス会士アントニオ・マチェドにカトリックに改宗する意図をうち明け、マチェドをローマに派遣する。

一六五三　クリスティーナ、スペインのフェリペ四世にカトリックに改宗する意図を手紙で告げる。

一六五四　クリスティーナは、二月十一日改めて退位する旨を帝国議会に宣言する。五月十一日彼女の意図はウプサラの議会で公示される。六月六日、公式の退位の式典とカール十世グスタフの戴冠の式典がウプサラで挙行される。十二月二十四日、ブリュッセルでクリスティーナの改宗が人目を避けて行われる。

一六五五　クリスティーナは十一月三日インスブルックで公式に改宗を宣言し、十二月二十日ローマに入る。

一六五七　モナルデスコ伯爵が大逆罪を犯したとして、十一月十日クリスティーナの指図によりフォンテヌブローで処刑される。

一六六三　ローマ教皇庁は十一月二十日デカルトの著作を「禁書目録」に含める。

一六六六　五月一日、ストックホルムにあったデカルトの遺体が国家警備隊少尉プランストレームによって発掘される。プランストレームはデカルトの頭蓋骨を（たぶん有力者から依頼されて）盗みだし、残りの遺骨を棺の中に置いた。六月にフランス大使ユーグ・ド・テルロンは棺をコペンハーゲンに移送する。

一六六七 一月にテルロンはデカルトの棺とともにパリに到着し、棺はサン=ポール礼拝堂に置かれ、六月二十四日夜の九時、サント=ジュヌヴィエーヴ=デュ=モン教会において盛大な式典のうちに埋葬された。

一六八九 クリスティーナ、四月十九日火曜日ローマに死す。彼女の遺骸はサン・ピエトロ聖堂に埋葬される。

一六九一 この年、デカルトの頭蓋骨に由来すると称される頭頂骨が記録に残されているが、これはのちにまっかな偽物であることが判明し、現在ルント大学の骨董品陳列棚に保管されている。

一七〇〇 デカルトの頭蓋骨が、スウェーデンの商人オロフ・ボーンクの遺品の中から見つかる。

一七三〇 デカルトの頭蓋骨は、スウェーデンのマギステル、ヨナス・オロフソン・ボーンクに所有される。

一七四〇 スウェーデンの官公吏アンドレス・アントン・スティールンマンが、ヨハン・アクセル・ヘゲルフリュシュトの所有していたデカルトの頭蓋骨を獲得する。

一七六五 ルントの主教Ol・ケルシウスが妻の父A・A・スティールンマンからデカルトの頭蓋骨を相続する。

一七九一 デカルトの甥の息子が国民議会において、「デカルトは《国家の偉人の殿堂》に埋葬されるべきである」との動議を提出する。

一七九二 フランス革命の間に、サント=ジュヌヴィエーヴ=デュ=モン教会が閉鎖され、デカルトの棺は「暫定的に」教会の跡地の地面に埋葬される。

一七九三　フランス国民議会の議員マリー＝ジョゼフ・シュニエが、デカルトはパンテオンに移送されるべきであると提議する。国民議会は賛成し、対応する処分を公布する。

一七九四　スウェーデンの農場主ヨハン・フィッシャーストレームがデカルトの頭蓋骨を手に入れる。

一七九六　デカルトの頭蓋骨は、ストックホルム市の官吏候補者J・アーリレンの所有となる。五〇〇人評議会は一月三十日、デカルトをパンテオンに埋葬するという、一七九三年に国民議会が行った決議を実行に移すように要請した。しかし、議員の陰謀によって実現が妨げられる。

一八〇七　考古学者アレクサンドル・ルノワールが、サント＝ジュヌヴィエーヴ＝デュ＝モン教会のデカルトの遺骨と見なされているものを発掘し、そこで発見された遺骨を、ルノワールによって設計されたジャルダン・エリゼに、古代の石棺に収めて埋葬する。そして、彼は（デカルトの頭蓋骨に由来するとされている）頭蓋骨片から指輪を作り、友人たちに贈っている。

一八〇八　神学教授ベネディクト・ヤコブ・ベリクヴィストの博士論文「デカルトの頭蓋骨」がルントで刊行される。

一八〇九　スウェーデンの解剖学教授アンドレス・スパールマンがデカルトの頭蓋骨を所有する。

一八一六　ルノワールのジャルダン・エリゼが閉鎖される。

一八一九　ジャルダン・エリゼにあった、デカルトの遺骸の収められた（と称される）棺が開けられ、頭蓋骨が欠けていることが確認される。科学アカデミーの会員たちは、ストックホルムにおける最初の発掘の一六六六年に盗まれたのだろうと推測する。二月二十六日、ベネディクト会のサン゠ジェルマン゠デ゠プレ教会のサン・ブノワ付属礼拝堂に、マビヨンとモンフォーコンの遺骨とともに埋葬される。

一八二一　スウェーデンの医学・薬学教授ヨンス・ヤコブ・ベルツェーリウス教授が『アルグス』誌の三月十四日号に、デカルトの頭蓋骨が、解剖学教授アンドレス・スパールマンの遺品から見つかり、カジノ経営者アルングレンが手に入れた記事を読む。ベルツェーリウス教授は頭蓋骨を買い戻すことに成功し、詳しい調査を行う。

一八二五　ベルツェーリウス教授は、一六六六年にスウェーデンになされた聖物窃盗の償いとして、遅ればせながら、パリにデカルトの頭蓋骨をジョルジュ・キュヴィエ教授に手渡す。フランスアカデミー会長は、頭蓋骨を正確に調査することに着手し、彼によって設立された「比較解剖学博物館」に頭蓋骨を預ける。

一八七八　「比較解剖学博物館」が解散し、デカルトの頭蓋骨はその在庫品と一緒にパリの人類博物館に収められ、現在もそこに保管されている。

一九六五　ローマのサン・ピエトロ聖堂においてクリスティーナが改葬され、医学者からなる専門委員会によって調査が行われる。

一九八〇　アイケ・ピースが、オランダのライデンの文庫で、スウェーデン王国の侍医であったヴァン・ヴレンによって記された、デカルトの最期の日々と死に関する書簡を発見する。

一九八三　著者による『デカルト殺人事件』の最初の出版。

一九八五　三月三日、アイケ・ピースとウルリヒ・ハルベッケによる、テレビドキュメンタリー『デカルト殺人事件』が西部ドイツテレビから初めて放送される。

一九八九　司法刑務官が、ハンブルクの出版社と結託して、著者アイケ・ピースの記録を盗作し、『ルネ・デカルト殺人事件』を出版する。盗作物の出版社は、司法によって出版物を回収し、廃棄するように命じられる。

一九九一　アイケ・ピース『デカルト殺人事件——犯罪学的・医学的調査』がケルンで自費出版される。

一九九六　ルネ・デカルトの生誕四〇〇年を記念して、ゾーリンゲンで本書『デカルト暗殺』が出版される。

出典

1　博物館の展示品と記録資料

ライデン（オランダ）
レイク大学図書館
西洋写本蔵書
・ヨハン・ヴァン・ヴレン博士がヴィレム・ピース博士に宛てたデカルト博士の最期の日々と死に関する書簡（一六五〇年二月十一日）記号 Burm　F8
・ヴィレム・ピース博士からカスパール・ファン・ベルレ当ての書簡（一六四五年九月）
記号 Pap 2
学籍簿
一六〇七年五月六日、一六一七年十月十四日、一六二三年二月二十五日、一六二九年五月三十日
ルント（スウェーデン）

歴史博物館
　骨董品陳列棚
　・ルネ・デカルトの頭頂骨と称されているもの
パリ（フランス）
人類博物館
　人類学実験室
　・ルネ・デカルトの頭蓋骨
ストックホルム（スウェーデン）
王立図書館
　・「デカルトの墓について」写本、一七六八、二四〜二八
医学史博物館
　・スウェーデン女王クリスティーナの侍医ヨハン・ヴァン・ヴレン博士の生涯と事績

2　図像資料

ベルリン
ウルシュタイン写真提供サービス
　・口絵viii頁
ドマースハウゼン、フンスリュック

私的財団ピース文庫
・口絵iii～vii、ix～xvi、xviii頁、図版二、一三、一九頁
ケルン
写真文庫、ウルリッヒ・ハルベッケ博士
・表紙の写真と口絵xvii頁
ラ・エーデカルト（フランス）
デカルト生家
・図版一一頁
ライデン（オランダ）
レイク大学図書館
西洋写本文庫
・図版八七頁

文献［原語は1～3の出版物にのみ添えた］

1　ルネ・デカルトの著作

R・デカルト(Descartes, R.)
『方法序説』(*Discours de la méthode pour bien conduire sa raison et chercher la vérité dans les sciences. Plus la dioptrique, les météores et la géometrie, qui sont des essais de cette méthode*)、ライデン、一六三七年、(リプリント) オスナブリュック、一九七三年
R・デカルト(Descartes, R.)
『第一哲学についての省察』(*Meditationes de prima philosophia*)、パリ、一六四一年、ライデン、一六四二年、(独訳) ユリウス・ヘルマン・フォン・キルヒマン訳、ベルリン、一八七〇年
R・デカルト(Descartes, R.)
『哲学原理』(*Principia philosophiae*)、アムステルダム、一六四四年、(独訳) ユリウス・ヘルマン・フォン・キルヒマン訳、ベルリン、一八七〇年
R・デカルト(Descartes, R.)
『音楽提要』(*Musicae compendium-Leitfaden der Musik*)、アムステルダム、一六五六年、(リプリント及び独訳) ヨハネス・ブロクト訳注、ダルムシュタット、一九七八年
R・デカルト(Descartes, R.)
『哲学論文集』(*Philosophische Abhandlungen*)、羅・仏の原典に基づき、キルヒマンの独訳を用いた、ヴェ

ルナー・ライストによる訳、リチャード・ヒルシュ博士の編集。ベルリン＋ウィーン、一九二四年
R・デカルト(Descartes, R.)
『ルネ・デカルト著作集』(*Œuvres de René Descartes*)、シャルル・アダン＋ポール・タヌリ編、一三巻、パリ、一八九七年、(リプリント) パリ、一九六四年以降継続

2 伝記と記録

シャルル・アダン(Adam, Charles)
『デカルト、その女友達』(*Descartes — Ses amitiés féminines*)、パリ、一九三七年
アドリアン・バイエ(Baillet, Adrien)
『デカルト氏の生涯』(*La vie de Monsieur Des-Cartes*)、二巻、パリ、一六九一年
イレーネ・ベーン(Behn, Irene)
『哲学者と女王、デカルトとクリスティーナ、往復書簡と出会い』(*Der Philosoph und die Königin — Renatus Descartes und Christina Wasa, Briefwechsel und Begegnung*)、フライブルグ＋ミュンヘン、一九五七年
ルネ・デカルト(Descartes, René)
『書簡集、一六二九―一六五〇』(*Briefe 1629-1650*)、F・バウムガルト訳、M・ベンゼ編、クレーフェルト、一九四九年
イェルク・ペーテル・フィンダイゼン(Findeisen, Jörg Peter)
『スウェーデンのクリスティーナ、その伝説』(*Christina von Schweden — Legende durch Jahrhunderte*)、フランクフルト、一九九二年
ルネ・フュロップ＝ミラー(Fülop-Miller, René)

『イエズス会の力と秘密、文化史・精神史』(*Macht und Geheimnis der Jesuiten — Eine Kultur- und Geistesgeschichte*)、ベルリン、一九二九年

ハンス・クルト(Kurth, Hanns)

『五〇〇〇年間の著名な医者の処方』(*Rezepte berühmter Ärzte aus 5000 Jahren*)、アイケ・ピース改訂、ジュネーヴ、一九七四年

アイケ・ピース(Pies, Eike)

『ヴィレム・ピソ(一六一一–七八)、植民地医学の祖、ブラジルのナッサウ=ジーゲン公ヨハン・モーリッツ伯爵の侍医』(*Willem Piso* (*1611-1678*) — *Begründer der kolonialen Medizin und Leibarzt des Grafen Johann Moritz von Nassau-Siegen in Brasilien*)、医学博士ハンス・シャーデヴァルトの後書き、デュッセルドルフ、一九八一年

アイケ・ピース(Pies, Eike)

『一六四五—七七年における医学博士ヴィレム・ピソ博士の往復書簡』(*Die Korrespondenz des Dr. med. Willem Piso aus den Jahren 1645-1677 als zeitgenössische Quelle*)、シュプロックヘヴェル、一九八三年

スウェーデンのクリスティーナ(von Schweden, Christina)

『備忘録、アフォリズム』(*Memoiren, Aphorismen*)、ミュンヘン、一九六七年

ライナー・シュペヒト(Specht, Rainer)

『ルネ・デカルト』(*René Descartes in Selbstzeugnissen und Bilddokumenten*)、第二版、ハンブルグ、一九八〇年

3　デカルトの頭蓋骨と「殺人事件」に関わる出版物とテレビ番組

グスタフ・アールストレーム、ペル・エクストレーム、オヴェ・ペルソン(Ahlström, Gustaf/Ekström, Per/

Persson, Ove)
「デカルトの頭蓋骨」(Cartesius' kranium)、『南スウェーデン医学史学会報』(*Sydsvenska medicinhistoriska sällkapets årsskrift*)一九八三年号、二三—五〇頁
ベネディクト・ヤコブ・ベリクヴィスト(Bergquist, Benedict Jakob)
『デカルトの頭蓋骨に関する歴史的論考』(*Dissertatio historica de Cartesio ejusque cranio*)、ルント、一八〇八年
アイケ・ピース(Pies, Eike)
「ルネ・デカルト殺人事件」(Der [Mord-]Fall René Descartes)、『西ドイツ系図学協会会報』(*Mitteilungen der Westdeutschen Gesellschaft für Familienkunde*)第三十一巻、一九八三年、第二冊、三五—四一頁
アイケ・ピース(Pies, Eike)
『デカルト殺人事件、犯罪学的・医学的調査』(*Der [Mord-] Fall Descartes, Eine kriminologisch-medizinische Untersuchung*)、自費出版、ケルン、一九九一年
アイケ・ピース+ウルリッヒ・ハルベッケ
『デカルト殺人事件—歴史的推測』ドキュメンタリーフィルム、一九八四年、西部ドイツ放送(WDR)制作
第一回放送：一九八五年三月三日午後八時一五分—九時(WDR3)
再放送　：一九八五年十月二十七日、一九八五年十一月九日、
一九八六年十一月二十三日、
一九九六年三月十七日(「現在の哲学」)
一九九六年八月一日
オーストリアにおける最初の放送
一九八五年十一月四日、度重なる再放送
アイケ・ピース／フリードリヒ・リール

「デカルト殺人事件、なぜ哲学者は殺害されたのか」
WDR3、『モザイク』一九九六年七月十五日（八時—九時）
アイケ・ピース／WDR編集局
「ヴッパータールの研究者、デカルト殺人事件を発見」
WDR2、『早朝マガジン』、一九九六年七月十六日（六時一五分）
アイケ・ピース／クリスティーネ・レンメン
「デカルト殺人事件」
WDR5、『午前のラジオ5』、一九九六年七月十七日（九時一五分—三〇分）
アイケ・ピース／ギュンター・フォン・ドルプ
「フランス人哲学者ルネ・デカルトは暗殺されていた」
ベルギー放送、一九九六年七月十九日（一〇時三五分—五〇分）
アイケ・ピース
「デカルト殺人事件」
西部3テレビ、解説番組『現地時間NRW』、一九九六年七月二十三日、（一一時—一二時）
アイケ・ピース／バーバラ・ジーベルト
「デカルト殺人事件」
西部3テレビ、『時代の先端』、一九九六年八月九日（一八時四五分—一九時二五分）
アイケ・ピース／バーバラ・ジーベルト
「デカルト殺人事件」
西部3テレビ、『今週の話題』、一九九六年八月十日（一七時—一七時三〇分）
アイケ・ピース／トム・ヘルゲルマン
「デカルト殺人事件」

西部3テレビ、『ヴッパート・トーク』、一九九六年九月二日（一五時—一五時三〇分）
アイケ・ピース／アネット・ウィルメス
「デカルト殺人事件」
ベルリン自由放送、『本の時間』、一九九六年九月五日（一一時四五分—一二時）
アイケ・ピース／アネッテ・ウィルメス
「デカルト殺人事件」
ベルリン自由放送、『人と言葉』、一九九六年十二月十二日（二五分間）
E・ヴァイル（Weil, E.）
「デカルトの頭蓋骨」（The Skull of Descartes）
『医学史ジャーナル』（*Journal of the History of Medicine*）、第十一巻、一九五六年、二二〇—二二一頁

4　アイケ・ピースによるデカルト事件に関する会合と講演

・ヴッパータール市立図書館、一九八一年十月二十九日
医学博士ハンス・シャーデヴァルト教授（デュッセルドルフ）と医学博士H・ルーデス（ヴッパータール）とのシンポジウム

・レーマン医学出版＋ギーセン大学
一九八五年七月四日（講演）

・レーマン医学出版＋ハンブルク大学
一九八六年一月十六日（講演）

・レーマン医学出版、ウルム
一九九一年十月二十四日（講演）

・レーマン医学出版＋ハノーファー大学
一九九一年十一月六日（講演）
・レーマン医学出版＋ハレ大学
一九九一年十一月七日（講演）
・レーマン医学出版＋マインツ大学
一九九三年六月十五日（講演）
・レーマン医学出版＋ライプツィヒ大学
一九九四年四月二十一日（講演）
・ヴッパータール市立図書館
一九九五年十月四日、展示会、「医学史家アイケ・ピース博士」
・ヴッパータール市立図書館、
一九九六年九月二十四日（講演）
・レーマン医学出版＋ハンブルク大学
一九九七年四月二十八日（講演）

5　アイケ・ピースとデカルト事件に関する記事

・「ルネ・デカルトの死をめぐる謎」
『西部ドイツ新聞』一九八一年十一月十四日（アクセル・ベール）
・「著述家三三〇年後に死を解明」
『ビルト紙』一九八一年十月二十九日（イングリド・シュタインベルク＝クレム）
・「頭のない死体」

『ノストラダムス』一九八三年一二三―一三五頁（W・ヴァン・デル・フロスト）
・「デュッセルドルフの人が哲学者の毒殺を解明」
『デュッセルドルフ・ビルト紙』一九八三年八月十九日（無署名）
・「死人に口なし、ルネ・デカルト殺害」
『メンシュ・ウント・マース』二四巻一〇号、一九八四年五月二十三日、
四三三―四四二頁（G・デゥーダ）
・「デカルト殺人事件」
西部ドイツ放送、ケルン、一九八五年一月
・「デカルト殺人事件」
AGI出版『教養とメディア』四号、一九八五年二月十五日（ラインホルト・エルショット）
・「デカルト殺人事件」
『WDFインフォメーション』第九週号、一九八五年
・「デカルト殺人事件」
『アルシュタット・マガジン』（デュッセルドルフ）一九八五年第三号、二頁
・「デカルト殺人事件」
『週刊ブンテ誌』第九号、一九八五年三月二日から三月八日号、
三〇―三二頁（W・ヴァン・デル・ホルスト）
・「デカルト」
『NRC経済新聞』一九八五年三月十四日、二頁（G・C・クペル）
・「肺炎か？　砒素中毒か？」
『ギーセン新聞』一九八五年七月八日
・「謎めいた手紙」

『ツァイト紙』第四十六号一九八五年十一月八日（ベネディクト・エレンツ）
・「デカルト殺人事件」
『WDFインフォメーション』第四十七週号、一九八六年
・「気むずかしい哲学者」
『事件の真相――世界史の秘密を追う』、ダス・ベステ出版、シュトゥットガルト、
一九九〇年、一一八―一二三頁（ウルリッヒ・ハルベッケ）
・「デカルト（殺人）事件」
『ドイツ医学新聞』八八、三〇号、一九九一年七月二十五日（無署名）
・「刑事犯罪学」
『ドイツ医事新聞』四九号、一九九一年（ルドルフ・グロス）
・「哲学者は毒殺されたのか？」
『マインツ・ライン新聞』一四二号、一九九三年六月二十三日（拙稿）
・「ルネ・デカルト――生誕四〇〇年にむけて」
『日曜マガジン』一九九六年三月三十一日
WDR2（ウルリッヒ・ハルベッケ）
・「哲学者デカルトは砒素で毒殺されたのか」
『西部ドイツ新聞』一六一号、一九九六年七月十三日（オリヴァー・ベックブロット）
・「ブッパータールの研究者、哲学者デカルトは砒素で殺された」
ドイツ新聞通信社、一九九六年七月十五日（ゲルト・コリンテンベルク）
一〇〇以上の新聞に配信。
・「ソルボンヌ、デカルト殺人は『バカげている』？」
ドイツ新聞通信社、一九九六年六月十六日（ゲルト・コリンテンベルク）

いくつかの新聞に配信。

- 「尿の中のひどいもの、ある研究者がデカルトの死を究明、フランスの哲学者は暗殺されたのか」、『シュピーゲル紙』、一九九六年三二号（ドヤ・ハッカー）
- 「デカルト殺人事件」
『ヤトロス神経学』、一九九六年十二月（編集部）
- 「デカルト殺人事件」
『ユートピア新聞』一二四号七巻、一九九六年九月十五日（フランツ・ヤンセン博士）
- 「デカルトの書類整理記号解明されず」
『ノイエ・ヴェストファリア／ビーレフェルト新聞』二一三号、一九九六年九月十二日（ステファン・カルティエ）
- 「歴史的殺人事件の軌跡、市立図書館の中でかぎつけられる、アイケ・ピースのセンセーショナルな本『デカルト殺人事件』において解明」
『西部ドイツ新聞』二二五号、一九九六年九月二十六日（オリヴァー・ベックブロット）
- 「デカルト殺人事件」
『ドイツ医学新聞』九三巻四三号、一九九六年十月二十五日（編集部）
- 「デカルトは殺されたのか」
『ベルギー新聞』二一号、一九九六年（編集部）
- 「デカルト殺人事件」
『ミュンヘン医学週刊紙』一三九号、一九九七年 Nr.1/2
（W・アイゼンメンガー教授）

訳者あとがき

私はルネ・デカルトが嫌いである。私の研究対象であったライプニッツが執拗にデカルト批判を繰り返していたからである。もう一つの理由は、私が心の支えとしている西洋中世・近世のスコラ哲学を根本から批判し、引導を渡したからである。

しかしながら、デカルトのテキストもろくに読まないで、心身二元論・悪しき心身分離論の提唱者、近代哲学の閉塞の元凶などという、型にはまった「デカルト・バッシング」をする連中を見ていると、デカルトを擁護せずにはいられなくなる。

批判者が多いことの最大の理由は、当時突出した、比較を絶した哲学を提出したこと、影響力が大きく、思索の奥行きがはなはだ深く、度重なる批判によっても、打ち崩れないくらい、偉大な哲学者であったということだ。批判のしがいがあるから批判をするのだろう。

デカルトへの批判は、その哲学の独自性・偉大さからして当然のことなのだろうが、度を越した嫉妬は時として犯罪につながりもする。デカルトが暗殺されたのかどうかは、本文を読んで、読者に判定してもらわざるをえないが、デカルトには嫉妬を招き寄せるだけの卓越があったことは明白である。少なくとも、デカルトの死に関する通説には、再検討の余地があることは否定できない。

デカルトに限らず、哲学者の死というものには、悲劇性が漂うものが少なくない。死刑判決を受け、従容として毒杯を仰いだソクラテス、神として崇められるためにエトナ火山に身を投げたエンペドクレス、政敵に暗殺されたキケロ、皇帝ネロに死を命じられ毒を飲んで自死したセネカ、陰謀の疑いを受け投獄され、刑死したボエティウス、思想の過激さ故に捕まえられ獄死したスフラワルディー、自分の秘書に刺殺されたブラバンのシゲルス、プロテスタント大虐殺の犠牲者となったペトルス・ラムス、火刑に処せられたジョルダーノ・ブルーノ、舌を抜かれた上で焚刑に処せられたヴァニーニ、ナチスによって虐殺されたエディット・シュタイン、特高の拷問を受け、獄死した三木清、空中に身を投げ死を手に入れたドゥルーズなどなど。そして、不遇のうちに淋しく死んでいった哲学者となると数え切れない。

生前名声を博し、家族と弟子たちに囲まれて大往生を遂げた大哲学者というのは多くないようだ。幸せな死に方をした哲学者はろくでもない哲学者と言ってよいかもしれない。もちろんのこと、デカルトにとって毒殺が相応しい死に方だったといいたいのではないけれど。

著者のアイケ・ピースは、一九四二年デュースブルクで、四〇〇年続く医者の家系に生まれた。ケルン大学で、医学、哲学、ドイツ文学、文化史、演劇学を修め、一九九三年には、数多くの文化史関係の著作とドキュメンタリー・フィルムが評価されて、ラインラント=プファルツ州の功労賞を授与されたという経歴の持ち主である。

著者は、一九八〇年に、彼の先祖であるヴィレム・ピソに届けられた、ヨハン・ヴァン・ヴレンの手紙を発見して以来、デカルトが暗殺された可能性があることを喧伝してきた。一九八五年以降、ドイツでかなり評判になっていたが、この本の原著が出版された一九九六年には、ドイツのジャーナリズムがこぞって、デカルト暗殺を取り上げる状況になっている。参考文献には、著者から届けられた、一九九六年以降の情報を追加しておいた。それを見ると、この本が、新聞、雑誌、テレビによって取り上げられた様子、ドイツのジャーナリズムの熱狂ぶりがうかがえる。フランスの対応は冷ややかであるが、今後はデカルト研究者も交えた国際的、総合的調査が行われることを期待したい。

原著は、Eike Pies, *Der Mordfall Descartes: Dokumente—Indizien—Beweise*, Verlag E. & U. Brockhaus・Solingen 1996.

出版してまもなく第二版が刊行されているが、内容に異同はないようである。

翻訳に際しては、本書が学術書ではなく、読み物であることを考えて、読みやすさを重視した。デカルトからの引用文は、ドイツ語から重訳するのではなく、フランス語の原典に基づいて訳出した。その際、既にある邦訳を活用したが、一部変更を加えてある。
本書を訳出する際に特に以下の邦語文献を利用させていただいた。本書に登場する人名は、基本的に、それぞれの人物の母国の読み方を重視した。

R・シュペヒト『デカルト』(中島盛夫訳)、理想社、一九六九年

A・バイエ『デカルト伝』(井沢義雄・井上庄七訳)、講談社、一九七九年

Ch・アダン『デカルトと女性たち』(石井忠厚訳)、未来社、一九七九年

J・ロディス=レヴィス『デカルト伝』(飯塚勝久訳)、未来社、一九九八年

ギリシア語、ラテン語、スウェーデン語、オランダ語、フランス語の登場に難渋したが、ドイツ語及び化学用語に関する不明な点について、新潟大学人文学部の同僚、井山弘幸、金子一郎、木村豊の諸氏に助けていただいた。特に、井山弘幸氏には全体にわたって様々な助力をいただいた。また、須山明子さんには訳稿を読んでもらいアドバイスをいただいた。これらの方々にお礼を申し上げておきたい。また、大修館編集部の小笠原豊樹氏には、遅れがちの原稿でご迷惑をかけたほか、翻訳についても、ありがたい指摘・助言を多数いただいた。お詫びともども、感謝の言葉を記しておきたい。

一九九九年十一月

山内志朗

家，1655-1741）……65

ヤ　行

ヤゲロン，カタリーナ（ポーランド王女，スウェーデン王ヨハン3世の妃）……32
ヤンス，ヘレナ（デカルトの家政婦，デカルトの娘フランシーヌ［1635-40］の母）……20
ヨハン三世（スウェーデン国王，1537-92）……32
ヨハンソン，アンナ（デュッセルドルフ在スウェーデン人翻訳家）……142

ラ　行

ラビヌ氏……143
ラルマン，P（パリの大学総長）……58, 60
リースヴェルト，コルネリア・ヴァン（デルフト出身，ハルマン・ピースの妻，1585-1663）……84
ルデス，H（ヴッパータールの医学博士・教授）……142
ルノワール，アレクサンドル（パリの考古学者）……63, 64, 68
レーヴェンイェルム，グスタフ（スウェーデンの大臣，伯爵）……70
レツィウス，アンデルス・ヨハン（ルント大学教授）……79
レンブラント（オランダの画家，1606-69）……85
ロヴェン，ニルス・ヘンリック（ルントの医学博士・教授）……77

ワ　行

ワルシェヴィツ，ズタニスラウス（スウェーデン在，ポーランドのイエズス会神父）……32

173

ヘルマー，R（ボン大学医学博士・教授）……*133*

ヘレマンス，C（銅版彫刻家）……*19*

ベン，ヤン・デ（オランダの画家）……xviii

ホイヘンス，コンスタンテイン（オラニエ皇太子のオランダ人秘書，1596-1687）……*85*

ホーフ，スヴェン（スウェーデンの文学者，スカラの校長，1703-86）……*73*

ホーフト，ピーター・コルネリスゾーン（オランダの詩人，1581-1647）……*85*

ボーンク，オロフ（スウェーデンの商人）……*72*

ボーンク，ヨナス・オロフソン（スウェーデンのマギステル）……*73*

マ 行

マーシュ，J（イギリスの化学者，1790-1846）……*134*

マザラン，ジュール（枢機卿，フランスの大政治家，1602-61）……*34*

マチェド，アントニオ（ストックホルム在イエズス会神父）……*117*

マティエ，ヨハン（スウェーデンの司教，クリスティーナの教師）……*28*

マビヨン，ジャン（フランスの学者，ベネディクト会修道士，1632-1707）……*65*

マリネス，フランチェスコ（ストックホルムの教授，イエズス会神父）……*117*

マンデルシャイド，チャールズ・アレクサンデル（ストックホルム在イエズス会神父）……*29*

ムシュロン（博士）……*86, 94*

メルシエ（フランスの政治家）……*62*

モーリッツ，ナッサウ公（ナッサウ=オラニエ公，オランダ総督，1567-1625）……*12*

モーリッツ，ヨハン（ナッサウ=ジーゲン公，伯爵，のちに侯爵，1604-79）……*5, 84*

モナルデスコ，ジャン・リナルド（クリスティーナの廷吏，伯爵，† 1657）……*26, 117*

モンフォーコン，ベルナール・ド（ベネディクト会修道士，古代研究

にライデンでオルガン奏者，1580-1645）……*84*
ビルケ，グニラ（スウェーデン王ヨハン三世の二番目の妃）……*32*
ファルク，J（銅版彫刻家）……iv
フィッシャーストレーム，ヨハン（スウェーデンの農場主，1735-96）……*74*
フィンダイゼン，イェルク・ペーテル（イェーナ大学教授，哲学博士）……*33*
フーシェ（ディジョン出身パリ在司教座聖堂参事会員）……*58*
フェラン，ジャン（医学博士，デカルトの曾祖父）……*8*
フュルスト，カール・マグヌス（医学博士・教授）……*77*
フラインスハイム，ヨハン・フリードリヒ（ウルム出身ストックホルム在文献学教授，図書館司書，帝国歴史官）……*39, 40, 119, 123*
プランストレーム，イスラエル（ストックホルムの国家警備隊少尉）……*56, 69, 71, 73*
プリディク，カール=ハインツ（ヴッパータールの哲学博士，大学教員）……*143*
ブレジ，ヴィコント・ド（フランスの外交官）……*40, 49, 123*
フレミング，クラウディウス（スウェーデンの提督）……*21, 22*
ブレメルツ，カール・ブルーノ（ヴッパータールの医学博士）……*141*
ブロシャール，ジャンヌ（ジョアシャン・デカルト夫人，†1597）……*8*
ブロックハウス，エッケハルト（ヴッパータールの出版業者）……*141*
ブロックマン，ギュンター（法学博士，ケルンの出版業者）……*141*
ヘゲルフリュシュト，ヨハン・アクセル（スウェーデンの地主，1666-1740）……xvii, *73, 79*
ベック，ダヴィッド（ストックホルム宮廷付きのオランダ人画家）……iv, viii, *40, 133*
ベリクヴィスト，ベネディクト・ヤコブ（ルント大学神学教授）……*75*
ベリケ，オスカー・E……*111*
ペルソン，オーヴェ（ウプサラ大学教員，ルントの学校長）……*64*
ベルツェーリウス，ヨンス・ヤコブ・フォン（医学博士・教授，スウェーデンの医学者・化学者，1779-1848）……xiii, *68-71, 75*

デカルト，ジョアシャン（法律家，デカルトの父）……*8*
デカルト，ピエール（医学博士，デカルトの祖父）……*8*
デュ・リエ（医学博士，ストックホルム在フランス人宮廷医）……*36, 39, 44*
テルロン，ユーグ・ド（スウェーデンおよびデンマーク駐在のフランス人外交官）……*56, 57, 71*
トゥルプ，ニクラース（医学博士，オランダの医師・解剖学者，1593-1674）……*84, 85*
トロツィヒ，アンナ（1652年以降，オランダの医師ヨハン・ヴァン・ヴレン博士のスウェーデンにおける妻）……*84*

ナ　行

ニコライ，ローレンツ（イエズス会神父）……*32*
ノイファング=ピース，イングヴィルト（シュプロックヘヴェルの医学博士）……*144*

ハ　行

ハーヴィ・ウィリアム（医学博士，イギリスの医師・生理学者，1578-1657）……*99*
ハーン，マンフレート（ハイデルベルクの事業主）……*142*
バイエ，アドリアン（フランスのデカルトの伝記作家）……*44, 46-48, 50-52, 56-58, 77, 97, 101, 105, 111, 126, 127*
ハインシウス，ニコラース（オランダの人文学者，文学者，外交官，1620-81）……*85*
パスカル，ブレーズ（フランスの数学者，物理学者，宗教哲学者，1623-62）……*38*
ハルス，フランス（オランダの画家，1581/85-1666）……iii, vii, *133*
ハルベッケ，ウルリヒ（哲学博士，ケルンのテレビジャーナリスト）……*138, 142*
ピース〔ピソ〕，ヴィレム（ブラジル及びオランダにおける，ナッサウ=ジーゲン公ヨハン・モーリッツの侍医，医学博士。熱帯医学の創始者，1611-78）……xviii, *5, 82, 84, 85, 108, 109, 122*
ピース，ハルメン（クレーヴェ出身で，ライデンで医学を学び，のち

ゴール〔ゴリウス〕, ヤコブ（ライデン大学数学教授, 東洋学者, 1596-1667）……*85*
コック，ヴォルフラム（ストックホルムの医学博士・教授）……*142*
コペルニクス，ニコラウス(ポーランドの医師, 天文学者, 1473-1543)……*10*

サ 行

サルヴィウス，アドラー（スウェーデンの外交官，†1652）……*41*
ジェオルジニ，アンジェリーナ(ローマのクリスティナ劇場付きの歌手)……*117*
シャーデヴァルト，ハンス(デュッセルドルフの医学博士•教授)……*143*
シャニュ，ピエール=エクトル（ストックホルム駐在のフランス外交官）……*21, 22, 28, 33, 36, 39-41, 44, 48, 49, 52, 54, 56, 88, 90, 98, 108, 109, 116, 119-121, 124, 125, 127, 128*
シャルマン，ウーテ（ヴッパータールの図書館長）……*143*
シャルレ（イエズス会神父，デカルトの叔父）……*9*
シュターク（ケルンの医学博士・教授）……*143*
シュタッフェ，アドルフ(レーファークーゼンの理学博士，化学者)……*144*
シュット，ヘルマン（ヴッパータールの理学博士，化学者）……*143*
シュニエ，マリ=ジョゼフ（フランスの政治家）……*61*
シュリューター（ストックホルムにおけるデカルトの従者）……*44, 45, 123, 124*
スティールンマン，アンドレス•アントン（スウェーデンの公官吏，1695-1765）……*74, 79*
ステルブフス，ハンス……*74, 79*
スパールマン，アンドレス（医学博士•教授，スウェーデンの解剖学者，†1821以前）……*69, 74, 76*
スパレ，エッバ（クリスティーナの宮廷女官）……*29*

タ 行

ダリベール ⇨ アリベール

エリザベート（オランダに亡命中の「冬の王」の娘，1596-1662）……20, 36
エレオノーラ，マリア（ブランデンブルクの）（スウェーデン王グスタフ二世の妃）……26
オクセンスティルナ，アクセル（スウェーデン帝国宰相，クリスティーナの後見人，1583-1654）……27, 28
オッベマ，P・F・J（ライデンの写本管理責任者）……143

カ 行

カサティ，パオロ（ストックホルムの教授，イエズス会神父）……118
カジミール，ヨハン（スウェーデン国王カール十世の父）……27
カタリーナ（スウェーデン国王グスタフ二世アドルフの異母姉妹，宮中伯ヨハン・カジミールの妻，†1638）……27, 29
ガリレイ，ガリレオ（イタリアの数学者・天文学者・哲学者，1564-1642）……10, 17
ガル，フランツ・ヨゼフ（医学博士，ドイツの医師・解剖学者，1758-1828）……75
キュヴィエ，ジョルジュ・ド（教授，フランス科学アカデミー総裁，1769-1832）……70, 134
ギュントナー，ウルリヒ（デュッセルドルフのジャーナリスト）……142
グスタフ，カール（クリスティーナの従兄弟で，婚約者。1654年以来，スウェーデン王カール十世グスタフ，1622-60）……29, 118
グスタフ二世アドルフ（スウェーデン国王，クリスティーナの父，1594-1632）……26, 27, 31, 32
グスタフ三世（スウェーデン国王，1746-92）……57
グスタフ四世アドルフ（スウェーデン国王，1778-1837）……74
クライネ，アンドレアス・デ（ヴッパータールのジャーナリスト）……142
グリューナー，オスカー（キール大学医学博士・教授）……132, 142
クレルスリエ，クロード・ド（ピエール・シャニュの義兄弟，デカルトの遺産保管者）……60, 120
ケルシウス，Ol（ルント主教，1716-94）……74

人名索引

（†は没年，＊は生年）

ア　行

アーリレン，J（ストックホルムの官吏候補者）……*74*

アールストレーム，カール・グスタフ（ルント大学教授，医学博士）……*64*

アッツォリーノ，デツィオ（イタリアの枢機卿）……*26*

アリベール〔ダリベール〕，ピエール・ド（フランス財務長官）……*56*

アルケンホルツ，ヨハン（スウェーデン，カッセルの廷吏・歴史家・司書）……*74, 79*

アルングレン（スウェーデンのカジノ所有者）……*69, 75*

アンリ4世（フランス国王，1608-60）……*10*

ヴァニーニ（聖職者）……*117*

ヴィヨゲ，フランソワ（神学博士，アウグスティヌス会修道士，「北方諸国への教皇派遣宣教師」，フランス大使館礼拝堂付き司祭）……*33, 34, 39, 47, 48, 105, 106, 124-127*

ヴィルヘルム，ナッサウ公（ナッサウ=オラニエ公，オランダ総督，1533-84）……*82*

ヴレン，ヨハン・ヴァン（当初，カトリック，後にルター派の司祭，リュトゲンドルトムントおよびアムステルダムに住む，†1640）……*83*

ヴレン〔ウレニウス〕，ヨハン・ヴァン（医学博士，ストックホルムにおける女王クリスティーナのオランダ人侍医，＊1609）……*5, 44, 49, 82-85, 92, 94-98, 100-111, 119-122, 125, 127, 138*

エーデリンク，ゲラルド（パリ在オランダ人銅版彫刻家，1640-1707）……iii

エクストレーム，ペール（ルント大学図書館手写本管理者）……*64*

[訳者略歴]

山内志朗（やまうち しろう）
1957年山形県生まれ。東京大学大学院博士課程単位取得退学。
現在、新潟大学人文学部教授。スコラ哲学専攻。
著書：『普遍論争』（哲学書房）、『翻訳』（共著、岩波書店）、『ドイツ観念論前史』（共著、弘文堂）、『ロゴス　その死と再生』（共著、岩波書店）
訳書：ドゥンス・スコトゥス『存在の一義性』（共訳、哲学書房）

デカルト暗殺

初版発行――2000年2月10日

著者――アイケ・ピース
訳者――山内志朗
発行者――鈴木荘夫
発行所――株式会社大修館書店
〒101-8466 東京都千代田区神田錦町3-24
電話03-3295-6231（販売部）03-3294-2356（編集部）
振替00190-7-40504
[出版情報] http://www.taishukan.co.jp

装丁者――井之上聖子
組版所――写研
印刷・製本所――図書印刷

ISBN4-469-21249-0　Printed in Japan